चल गोरी दोहापुरम्

चल गोरी दोहापुरम्

'बेकल' उत्साही

चयन एवं संपादन
दीक्षित दनकौरी

वाणी प्रकाशन

वाणी प्रकाशन का 'लोगो'
विख्यात चित्रकार मक़बूल फ़िदा हुसेन की
कूची से

ISBN : 978-93-5000-006-9

वाणी प्रकाशन
21-ए, दरियागंज, नयी दिल्ली-110002
द्वारा प्रकाशित

फोन : 0091#11#23273167, 23275710
फैक्स : 0091#11#23275710
ई-मेल : vaniprakashan@gmail.com
vani_prakashan@yahoo.com
वेबसाइट : www.vaniprakashan.com
प्रथम संस्करण : 2009

मूल्य : 250.00
आवरण : वाणी प्रकाशन
आर. टेक ऑफसेट प्रिंटर्स, दिलशाद गार्डन
दिल्ली-110095, द्वारा मुद्रित

CHAL GORI DOHAPURAM
by : Bekal Utsahi
Edited by : Dixit Dankouri

'बेकल' उत्साही

कोमल मुखड़े का व्याकुल गीतकार

–डॉ. अमरेन्द

अगर पूरे भारत के मन को जानना हो, कोमल मन के मनोविज्ञान के आकाश को देखना हो, या फिर प्रकृति की बारात का सौन्दर्य और संगीत से ही अभिभूत होना हो, तो इसके लिए ज़रूरी होगा कि 'बेकल' उत्साही के गीतों की गहराई में उतरा जाए, जो गीत लावण्य देते हैं, वह अद्‌भुत हैं।

गीत तो कोमल मन की सन्तान होते हैं, मन के संगीत होते हैं, या फिर हम यह कह सकते हैं कि मन के कोमल मुखड़े की पंचम सुर वाली अभिव्यक्ति है–गीत। इसी तथ्य को बार-बार 'बेकल' उत्साही जी के गीत भी दुहराते हैं। लेकिन उत्साही जी के गीतों का भूगोल किसी सीमा के भीतर क़ैद नहीं है। इनके गीतों का संगीत जब झंकृत होता है, तब वह सारी सीमाओं का अतिक्रमण कर एक मुक्त और आनन्दमय लोक की स्थापना करता है। जिसके बीच आते ही पाठकों के मन भी क्षुद्र सीमाओं का अतिक्रमण करने लगते हैं और एक ऐसी अनुभूति की लय से जुड़ जाते हैं, जो जैसे उनकी ही अनुभुति हो, उनके जन्म से ही परिचित अनुभूति-जिसे उन्होंने बहुत दिनों के बाद हठात पा लिया हो।

'बेकल' जी के गीतों के प्रति मन के इस लगाव के पीछे के कारण कई हो सकते हैं, लेकिन एक कारण तो हमारे सामने साफ-साफ उतरता है, और वह यह है कि 'बेकल' जी अपने गीत सृजन के क्षणों में गीत के नैसर्गिक और पारम्परिक संस्कार को बनाए ही रखते हैं–नवीनता के आग्रहों के बावजूद।

यही कारण है कि गीतकार 'बेकल' उत्साही गीतों के सृजन के लिए जब तत्पर होते हैं, तब इनके गीत का एक छोर लोकभाषा से जुड़ता है और दूसरा खड़ी बोली के उन कोमल-तरल एवं संगीतमय शब्दों की वाक्य संरचना से, जो

हिन्दी और उर्दू को सामान्य लोक के बीच लोकप्रिय होने में मददगार बनती है। चूंकि गीत हिन्दी काव्य की लोकप्रिय काव्य शैली है, इसी से जब 'बेकल' जी इसे उर्दू में साहित्य के बीच लाते हैं, तब इसे नए शृंगार देने के बाद भी, इसके स्वीकृत रूप का भंजन नहीं करते। इनके गीतों में हिन्दी और उर्दू गीतों का एक ऐसा संधिस्थल बनता है, जहां संधि की बारीक रेखा ही कहीं-कहीं दिखती है। साथ ही 'बेकल' उत्साही गीतों में ऐसी भाषा का प्रयोग करते हैं कि गीत उर्दू की एक लोकप्रिय काव्य शैली बन कर उपस्थित हो जाता है। पाठक परिवर्तन के इस झटके को बिना महसूस किए परिवर्तित दुनिया में चले जाते हैं।

हिन्दी-उर्दू भाषाओं पर 'बेकल' उत्साही की मज़बूत पकड़ होने के कारण इनके गीतों में दोनों भषाओं के पाक से ऐसा रसायन तैयार किया गया है, जिस का सेवन न केवल साहित्य का, बल्कि जिसका आस्वादन समाज का भी कल्याण करने वाला है, उस समाज का जो भाषा में आम आदमी के मनोविज्ञान की अवहेलना कर भेद की दुनिया बसाने की चिन्ता में मगन रहता है। 'बेकल' उत्साही जी की काव्य भाषा तो अभेद की दुनिया बसाती है :

मुझे आज मत पुकारो
मेरा ग़म भुलाने वालो
मेरे सामने ग़ज़ल है, मैं गीत लिख रहा हूं
अभी कह दो यह शफ़क़ से, न लुटाए लब की लाली
कहो शाम की दुल्हन से, न संवारे जुल्फ़े-बरहम
न सजाए कहकशां भी, अभी मोतियों की थाली
न बिखेरे मुस्कराहट, अभी बादलों में पूनम
अभी चर्ख़ के सितारो, कहीं अपना मुंह छुपा लो
मेरे सामने ग़ज़ल है, मैं गीत लिख रहा हूं

'बेकल' उत्साही के गीतों की भाषा को समझने के लिए ऊपर उद्धृत गीत की एक पंक्ति को सामने रखना ज़रूरी है-'मेरे सामने ग़ज़ल है, मैं गीत लिख रहा हूं' गीत की यह पंक्ति 'बेकल' उत्साही के गीतों की दुनिया को खोलती है। शुरू से ही ग़ज़ल और गीत मनुष्य की कोमल भावनाओं के कोष रहे हैं। ऐसी भावनाएं कभी भी भाषा की जटिलता से अपना सम्बन्ध बना कर

नहीं चलना चाहतीं। उर्दू काव्य की विभिन्न शैलियों पर अरबी, फ़ारसी शब्दों और वाक्य-संरचनाओं का जितना प्रभाव रहा हो, ग़ज़ल की भाषा वह कभी नहीं रही है। ग़ज़ल की भाषा वही है जो हिन्दी की भाषा है, जब 'बेकल' उत्साही जी लिखते हैं कि 'मेरे सामने ग़ज़ल है, मैं गीत लिख रहा हूं' तो 'बेकल' उत्साही जी ग़ज़ल और गीत की उसी काव्य-भाषा की ओर संकेत करते हैं।

इस संकलन में ऐसे कई गीत हैं, जो लोक-भाषा में रचे गए हैं। यह इस बात का संकेत हैं कि गीतकार 'बेकल' उत्साही इस विश्वास को स्वीकार करते हैं कि गीत सहज मन की सरल अभिव्यक्ति है और जिसकी अभिवक्ति लोकभाषा को माध्यम बना कर और भी निष्कपटता के साथ, और गहरे प्रभाव के साथ की जा सकती है। क्योंकि गीत तो पहले पहल लोकभाषाओं की अंगुलियां पकड़ कर ही आंगन से द्वार तक आया था। आज गीतों की वह भाषा बदल गई है, लेकिन गीतों में लोकभाषाओं की छोंक को नहीं रोका जा सकता, जिसके बिना गीत अपने स्वरूप को भी हासिल करने से वंचित ही रहता है। 'बेकल' उत्साही जी के गीत जो सीधे-सीधे लोक-भाषाओं में सृजित हैं, इन्हें छोड़ भी दें तो इनके उन गीतों में भी, जो उर्दू भाषा के हैं वहां भी उन्हों ने लोक शब्दों की सुगन्ध को आने से नहीं रोका है।

इनके गीतों की भाषा शैली दरअसल गीतों की आत्मा और उसकी देह को समझदारी से बचाए रखने का कवि-कौशल है। यहां जिस कौशल के साथ गीतकार 'बेकल' उत्साही ने लोक-भाषा और उर्दू के कुछ शब्दों के योग से दो साहित्य में भाव के निरूपण की दो पद्धतियों को एक नई शैली में उपस्थित किया है, यह देखने योग्य है। यह 'बेकल' उत्साही के उर्दू गीतों की एक विशिष्ट शैली भी कही जा सकती है।

इन गीतों में संगीत का जो सौन्दर्य है, इसमें गीतकार की उस भाषा-शैली का भी योग है, जो स्वयं ध्वन्यात्मक शब्दों के सहारे चलती है। दूसरे कि उनके गीत, जो लोक-भाषाओं में रचे हुए हैं, वे किसी न किसी प्रमुख लोक छन्द से बंधे हुए हैं, चाहे वह कजरी का लोकछन्द हो, या चैता का, या फिर चैती झूमर का ही क्यों न हो। ऐसे गीतों में लोक संगीत का बहाव सहृदय को पूरे वेग से बहा ले जाता है। 'बेकल' उत्साही अपनी गीत-भाषा से न केवल संगीत का सृजन करते चलते हैं, बल्कि चित्र-विधान भी उसी कौशल के साथ करते चलते हैं। इस चित्र-विधान के लिए कहीं तो गीतकार परम्परा की राह पकड़ता है और

कहीं भाषा के विशिष्ट प्रयोग से विषय को गाढ़े रंग में उतारने का प्रयास करता है। 'बेकल' उत्साही के गीतों में भावनाओं के अनुकूल ही भाषा-प्रयोग का कौशल है। कोमल भावनाओं के लिए गीतकार कोमल भाषा-शैली की बांह पकड़ता है, और जहां कहीं गीतकार अपने गीतों में ऐसे विचलित करने वाले परिवेश के चित्र उतारता है, वहां वाक्य के पदबन्ध प्रतीक बन कर उपस्थित होते हैं, इसके कारण इन गीतों में विस्तार का सलौना सौन्दर्य भी समाहित हो गया है। सिर्फ अपने ख़याल को लेकर ही नहीं, 'बेकल' उत्साही अपनी काव्य भाषा में भी 'मीर' और तुलसी दास को साथ-साथ लेकर चलते हैं। 'बेकल' उत्साही के शब्दों में ही-

नज़्म के अंदाज़ में हुस्ने-ग़ज़ल का बांकपन
मिल गई हिन्दी के रस को फ़ारसी की चाशनी
दोस्त मेरे गीत का लहजा नई काविश के साथ
मीर के अहसास में है फ़िक्र तुलसी दास की

लाल ख़ां दरगाह लेन,
सराय, भागलपुर (बिहार) 812002

'बेकल' उत्साही के दोहे

सांस्कृतिक चेतना और परम्परा-बोध की पूंजी

–डॉ. शिवनारायण शुक्ल

13-11 मात्राओं के विराम अनुशासन में बँधा 'दोहा' हिन्दी का प्राचीनतम छन्द है। अपभ्रंश को यदि हमने हिन्दी का आदिम या प्रारम्भिक भाषा-रूप स्वीकार किया है तो यह मानना पड़ेगा कि दोहा हिन्दी-कविता की पैदाइश का साथी है, क्योंकि अपभ्रंश भी दोहा, दुहारूप में कड़वकों के साथ जुड़ा रहा है। वीरगाथाकारों ने इसे ससम्मान अपनी कविता का सिंहासन दिया तो सूफी कवि मुल्लादाऊद, कुतुबन, मंझन तथा कासिम शाह ने भी इसे सत्कारा-स्वीकारा। भक्त कवि तुलसीदास, केशव की कला का तो यह करामाती शब्द ही रहा। रहीम, बिहारी ने इसे उत्कर्ष प्रदान किया। खड़ी बोली काव्यांदोलन से भी इसके सम्मान और प्रभाव में कोई कमी नहीं आई। आज काव्य क्षेत्र की दुर्गतिपूर्ण अव्यवस्था के युग में भी दोहा छंद की व्यवस्था और प्रयोग सब तरह से शालीनता मंडित हैं।

पद्मश्री 'बेकल उत्साही' के इस संकलन में लगभग 300 दोहे पिंगलीय पद्धति से संयत विनीत तो हैं ही, भाषाई लिबास से भी साफ़-सुथरे तथा संभ्रात रुचि रोचक हैं।

इनमें धर्म, दर्शन, भक्ति, राष्ट्रीयता सामाजिक विडम्बना, शोषण, राजतंत्र की विगर्हण तथा सामाजिक मूल्यों के क्षरण की यथार्थ झाँकी देखने को मिलती है। शृंगार तो यहाँ बिहारी के दोहों की-सी डोली सजाये हुए है-

नथिया चूमै गाल को चूमैं होंठ बुलाक।
मधुशाला में खो गये, बच्चन और फ़िराक।।

मनोविज्ञानी सहजता के साथ सामान्य एवं अनुभूत दृश्यांकन के विचार से उनके दोहों का क्या कहना-

ट्रेन चली तो चल पड़े खेतों के सब झाड़।
भाग रहे हैं साथ ही, जंगल और पहाड़।।

सूफ़ी चिन्तन-चेतना, दर्शन आदि के विचार से भी उनके दोहे बेधक हैं-

विरहिन जागे रात भर, अँजुरी भरे अँजोर।
आग लगी इक अंग में, धुआँ उठे चहुं ओर।।

सांस्कृतिक चेतना और परम्परा-बोध की पूंजी को बटोरे रखने में बेकल के दोहे बेजोड़ हैं-

मन तुलसी का दास हो अवधपुरी हो धाम।
सांस उसके सीता बसे, रोम-रोम में राम।।

मैं खुसरो का बंश हूँ, हूँ अवधी का सन्त।
हिन्दी मिरी बहार है, उर्दू मिरी बसन्त।।

हिन्दी-काव्य के प्रारम्भिक प्रवाह के बीच यदि दोहा छन्द की अपनी छटा अलग रही तो मध्यकालीन कविता में भी उसने भक्ति एवं रीति कवियों से कम प्रतिष्ठा नहीं प्राप्त की है। इस काल में तुलसी, केशव, बिहारी, रहीम की कविता का महनीय रूप प्रायः दोहा छन्द के सहारे रूपायित हुआ है। इन सभी कवियों ने भक्ति आदि विषयों का प्रतिपादन करते हुए अपने दोहों में नीति, राजनीति और प्रकृति के चित्रों की सुकुमार झाँकी सजायी है। बिहारी, रहीम और वृन्द तीनों भक्त भी थे, नीतिकार भी। नीति निरूपण का दोहा छन्द से सनातन सम्बन्ध रहा। 'बेकल' जी के 'दोहापुरम्' के तमाम छन्दों में नीति निरूपण की प्रवृत्ति पायी जाती है। उदाहरणार्थ-

काँटों बीच तो देखिए, खिलता हुआ गुलाब।
पहरा दुख का है लगा, सुख पर बिना हिसाब।।
पैसे की बौछार में, लोग रहे हमदर्द।
बीत गई बरसात जब, आया मौसम सर्द।।
उम्र बढ़ी तो घट गये, सपनों के दिन-रात।
अक्किल बगिया फल गई, सूख गये जज़्बात।।

महाकवि बिहारी के समान कवि 'बेकल' उत्साही के दोहों में भी प्रकृति की अनूठी और टटकी छवि देखने को मिलती है। उनका यह प्रकृति-चित्रण ग्राम्य सम्वेदना से सम्पन्न एवं मोहक है:

महुआ के कूँचा लगे, आम गये बौराय।
ऐसे में 'बेकल' जिया, किससे नेह लगाय।।

खिले फूल कचनार के, रितु-मनुवा मस्तान।
जूही छप्पर पर चढ़ी, गुड़िया हुई सयान।।
सूरज गाये भैरवी सागर के उस पार।
अँगनाई की नीम पर, थिरक रही भिनसार।।

'बेकल' उत्साही ने छायावादी भावबोध की प्रवृति के प्रभाव में प्रकृति का मानवीकरण भी किया है- 'सूरज भैरवी गाता है', 'नीम पर भिनसार थिरक रही है'। एक दोहा और देखिये-

सूरज शाम की नाव से, उतर गया उस पार।
अम्बर ओढ़ के सो गया, धरती पर संसार।।

'बेकल' साहब ने 'दोहा' छन्द को तोड़-जोड़ कर एक नया प्रयोग भी किया है-'दोहिकू'

13-16-13 मात्राओं के अनुशासन के ढाँचे में ढले इस दोहिकू छन्द के दो नहीं चार नहीं तीन चरण हैं त्रिलोक-त्रिदेव जैसे-

गौरी तेरे गाँव में।
पीपल बरगद टहल रहे हैं।
मौसम बाँधे पाँव में।।

जिस प्रकार संस्कृत भाषा का अनुष्ट, अरबी-फ़ारसी का ग़ज़ल छन्द अपनी आकारमत लघुता में जीवनानुभूति की विशाल कायनात को रस का रेशमी ताना-बाना देता रहा, उसी प्रकार हिन्दी का दोहा छन्द काव्य-क्षेत्र की व्यापक सम्वेदना के छवि-चित्र खींचता रहा है। 'बेकल' साहब के दोहे भक्ति भाव के सन्दर्भ में तुलसी और रहीम की याद दिला देते हैं जो शृंगार का सवाल उठने पर बिहारी के साथ दिखाई पड़ते हैं। नीति-निरुपण के विचार से उनकी समता वृन्द और रहीम से की जा सकती है। एक वाक्य में कहें तो कह सकते हैं कि भारत की सामाजिक संस्कृति को आज कवि रचना के लिए जिस भाषा की ज़रुरत है तथा रफ़्तार भरी ज़िन्दगी को कविता की भूख बुझाने के लिए जिस भाव-बोध की आवश्यकता है उक्त संकलन उसी की पूर्ति का पावन अनुष्ठान है।

पूर्व-अध्यक्ष हिन्दी विभाग,
एम.एल.के. पोस्ट ग्रेजुएट कॉलेज, बलरामपुर (उ.प्र.)

दोहा छन्द

दोहा हिन्दी कविता में प्रयुक्त होने वाला सबसे छोटा और सबसे पुराना मात्रिक छन्द है। दूहा, दोहरा नाम से भी हिन्दी-काव्य में इसका प्रयोग और पहचान पायी जाती है। वीरगाथा काल के प्रसिद्ध चारण और डिंग भाषा के कवि तथा पृथ्वीराज चौहान के मित्र एवं दरबारी चन्दबलदिय या चन्दवरदायी ने अपने 'पृथ्वीराज रासो' नामक महाकाव्य में इसे 'दूहा' नाम से प्रयुक्त किया है। रीतिकाल के श्रेष्ठ मुक्तककार महाकवि बिहारी की 'बिहारी सतसई' के दोहों को 'दोहरा' भी कहा गया है-

सतसइया के दोहरे ज्यों नावक के तीर
देखने में छोटे लगें, घाव करे गंभीर

इस दोहे से जहाँ यह प्रमाणित होता है कि दोहा का एक नाम "दोहरा" भी प्रचलित है, वहीं यह भी प्रकट होता है कि भाव-प्रसार और प्रभावोत्पादकता की दृष्टि से दोहे की चोट बहुत गहरी होती है। 14वीं शताब्दी के निर्गुणपंथी सन्त कवि कबीर की कविताई में इसे 'साखी' नाम दिया जाता है। उनके काव्य का विभाजन साखी, सबद और रमैनी नाम से किया गया है। कबीर की सखियां 'दोहा' छन्द में ही लिखी गयी हैं। इस प्रकार अलग-अलग कालों में, अलग-अलग कवियों एवं आचार्यो ने 'दोहा' को पृथक-पृथक नाम दिया है। दोहा, दूहा, दोहरा, साखी आदि शब्द इसी एक छन्द की भिन्न-भिन्न संज्ञाएं हैं।

हिन्दी-भाषा और साहित्य के इतिहास पर विचार करने पर प्रतीत होता है कि हिन्दी-भाषा और साहित्य के आदिम रूप अर्थात् अपभ्रंश काल से लेकर आज तक हिन्दी-कविता की भाव-व्यंजना के क्षेत्र में इस छन्द का महत्व समान रूप से लगातार बना रहा है। अपने नितान्त लघु रूप में यह दोहा-छन्द कवि की अनुभूति की सघनता को श्रोता या पाठक तक पहुँचाने के विचार से बहुत पैनी

पैठ रखता है। काव्य-व्यापार में सम्प्रेषणीयता (कम्यूनिकेशन) के लिए हिन्दी का यह छोटा छन्द बड़ा मशहूर रहा। सहृदय के हृदय में चुभ जाने वाला दोहा हिन्दी का बड़ा दुलारा छन्द है।

दोहा को जैन एवं सिद्ध कवियों ने सम्मान के साथ अपनी अभिव्यंजना का माध्यम बनाया तो वीरगाथाकार चारण कवियों ने भी इसे पूरी 'इज्जत' बख्शी। कबीर की कविता तो साखी नाम से इस पर फिदा ही थी। कबीर ने सबद और रमैनी से अधिक तरजीह दोहा या साखी को दी है, उन्हें दोहा या साखी ने सहृदयों और सन्तों में लोकप्रिय भी खूब बनाया है। प्रेमगाथाकार सूफी कवि मुल्ला दाऊद से लेकर जायसी, कुतुबन, मंझन, क़ासिम शाह तथा भाषा प्रेम के रचियता शेख़ रहीम तक लिखी गई अवधी भाषा की सूफी प्रेम कथाओं में इस छन्द का बोलबाला रहा। भक्तियुगीन राम-काव्य के रचनाकार महाकवि तुलसी दास की कालजयी कृति रामचरितमानस में दोहे की छवि-छटा छायी हुई है। 'दोहावली' नाम से तुलसीदास ने एक स्वतन्त्र ग्रन्थ भी रच डाला था। हिन्दी पाठकों के बीच रहीम के दोहों की अपनी शान-शौकत ही निराली है। कवि केशव की रामचन्द्रिका में यह छन्द अपनी मजबूत पकड़ बनाये हुए है। रीति काल के अधिकांश कवियों एवं आचार्यों ने दोहा छन्द का व्यापक स्तर पर प्रयोग किया है। बिहारी की सतसई में दोहा छन्द को सबसे अधिक निखार और उत्कर्ष प्राप्त हुआ है। आधुनिक युग में हिन्दी काव्य में खड़ी बोली का प्रवेश होने पर भी यह छन्द समादर के साथ अपनाया गया, स्वयं भारतेन्दु बाबू हरिशचन्द्र ने बड़े सुन्दर और मँझे हुए दोहे लिखे हैं। प्रयोगवाद और नयी कविता के छन्दमुक्तता के काल में भी तमाम कवि मुक्त छन्दों के समानान्तर दोहा छन्द का प्रयोग करते रहे। त्रिलोचन शास्त्री अद्यतन हिन्दी कविता के ऐसे हस्ताक्षर हैं जिन्होनें बेजोड़ दोहों की रचना की है, हाँ भाषा अवधी अवश्य है। कहने का तात्पर्य यह है कि दोहा छन्द हिन्दी कविता के जन्मकाल से लेकर आज तक उसे सँवारने में सच्चा साथी बना रहा।

दोहा हिन्दी का विषम मात्रिक बड़ा चुटीला छन्द है। इसके प्रथम और तृतीय चरण में 13-13 मात्राएँ तथा द्वितीय और चतुर्थ चरण में 11-11 मात्राएँ होती हैं, जिसमें तुकान्तता भी रहती है। विषम चरण के आदि में जगण नहीं होता और अन्त में लघु अवश्य होता है।

दोहा में चुभनशील अभिव्यंजना की अपार क्षमता मौजूद है। यह कवि की

भाषागत समासिकता एवं संग्रम्फन शक्ति से सम्पन्न छन्द है। दोहा थोड़े से गिने-चुने शब्दों में प्रेम-संयोग-वियोग, भक्ति, राजनीति, नीति, सामाजिक समस्या की बड़ी-बड़ी गाँठे खोलकर रख देता है। यह सचमुच गागर में सागर समेट लेने की क्षमता रखता है। रसलीन का यह छोटा दोहा छन्द आँख की छवि, उसकी चिवन, चितवन का प्रभाव, प्रभाव की भंगिमाओं को एक साथ श्रोता की सम्वेदना में उतारकर उसे झकझोर कर रख देता है :

अमि हलाहल मदभरे श्वेत, श्याम रतनार।
जियत मरत झुकि-झुकि परत, जेहि चितवत इक बार।।

बिहारी तो थोड़े में बहुत कहने वाले अपने दोहों के लिए मशहूर हैं ही। एक छन्द में अनेक भावों को एक साथ विभिन्न फूलों वाले गुलदस्ते के समान सजा देने को शास्त्रीय आचार्यो ने 'आवशबलता' कहा है। बिहारी ने एक दोहे में 'प्रतिकूल नायक' की चपलता और सौति के साथ नायिका पर पड़ने वाले उसके बहुआयामी प्रभाव का जो चित्र खींचा है वह आवशबलता ही तो है :

बालम वारे सौति संग, पुनि पर नारि बिहार।
भोरस, अनरस, रिसि, रकी, रीझि, खीझि, इक बार।।

एक नायक की दो स्त्रियाँ थीं जिस रात सौत की बारी थी उस दिन वह परायी नारी के पास रमण करने चला गया, यह जानकर नायिका को रस मिला यानी खुशी हुई, पर यह सोचकर कि वह मेरे पास क्यों नहीं आया अनरस या दुःख हुआ, दोनों को पट्टी पढ़ाकर गुम हो जाने के कारण क्रोधा हुआ, धोखाबाजी या नायक की शठता से प्रकम्पित हो उठी, फिर सोचकर सौतिया डाह वश रीझी पुनः मन की चंचलतावश उसमें खीझ पैदा हुई। इस प्रकार यह एक छोटा दोहा मन में अनगिनत भाव-तरंगे उठा रहा है। यह है दोहा छन्द का सामर्थ्य। इसी लिए दोहा हिन्दी की पिंगल शास्त्रीय परम्परा से सदा से एक प्रभावपूर्ण एवं लोकप्रिय छन्द माना जाता रहा।

प्रयोग की दृष्टि से हिन्दी छन्द-विधान में दोहा इतना ही पुराना है जितनी पुरानी है हिन्दी भाषा की काव्य-परम्परा। यह हिन्दी-कविता के प्रारम्भिक युग से ही व्यवहार में आ गया था। हिन्दी भाषा का आदि रूप वह अपभ्रंश भाषा है जिस की शुरूआत 7वीं-8वीं शताब्दी से ही हो गयी थी। अपभंश भाषा में लिखे गये जैन कवियों के प्रसिद्ध 'चरितकाव्य' में दोहा छन्द

पूरी प्रतिष्ठा के साथ उपस्थित है। जैन श्रावक नेमि कुमार का यशगान करते हुए जैन कवि ने 'नेमिकुमार चरित्र' में दोहो का खूब प्रयोग किया है उदाहरणार्थ-

तसु सिरि सामिड साकड सोहग सुन्दर सार।
जाइब निम्मल कुल तिलक निवसइ नेमिकुमार।।

-रसन्यी काव्यः

प्राचीनकाल की साधुक्कड़ी हिन्दी के सिद्ध कवियों ने दोहा छन्द को बड़ा महत्व दिया है। राहुल जी ने इन सिद्ध नाथ कवियों की बानी का संग्रह करते हुए 'दोहा कोष' नामक प्रसिद्ध ग्रन्थ सम्पादित किया था। वीर गाथा काल के चारण कवियों ने अपने रासो ग्रन्थों में दोहा छन्द का धड़ल्ले से प्रयोग किया है। क्षत्रियों की वंश परम्परा का बखान करते हुए चन्दवरदायी ने क्षत्रियों के 32कुल का उल्लेख किया है और लिखा है-

धनपालक निकुम्भवर राजपाल कविनीस।
काल छुरक्के आदि दै, बरने वंस बतीस।।

-पृथ्वीराज रासोः

हिन्दी खड़ी बोली के प्रथम कवि अमीर खुसरो ने भी दोहा छन्द का प्रयोग किया था। उनका यह दोहा बहुत ही प्रचलित रहा-

गोरी सोवै सेज पर मुख पर डारे केस
चल खुसरो घर आपने रैन भयी चहुं देश।

भक्ति कालीन निर्गुण पन्थ के 14वीं शताब्दी के कवि कबीर की साखियों की चर्चा पीछे की जा चुकी है। उनके अधिकांश उपदेश दोहा में निबद्ध है-

झल्ल उठी झोली जली, खपरा फूटम फूट।
जुगिया सो है रमि गया, आसण रही भभूत।।

मध्य कालीन हिन्दी-काव्य की अपार काव्य-सम्पदा प्रेममार्गी सूफी कवियों की प्रेम गाथाओं के रूप में पायी जाती है। इन सभी प्रेम गाथाओं का चौपाई के साथ दोहा मुख्य छन्द था। नागमती के विरह का वर्णन करते हुए जायसी लिखते हैं-

पिउसों कहेउ सन्देशड़ा हे भौरा हे काग।
सो चनि विरहइ जरि मुई, तेहिंक धुआँ हम लाग।।

16वीं शताब्दी के प्रसिद्ध सगुण राम-भक्त कवि तुलसी ने मानस में दोहा का अनिवार्यतः प्रयोग तो किया ही है, उन्होंने अपनी राम-भक्ति "दोहावली" नाम से एक स्वतन्त्र ग्रन्थ ही रच दिया।

आधुनिक युगीन हिन्दी कविता में खड़ी बोली का ही प्रयोग प्रमुख रहा जिसकी शुरूआत भारतेन्दु बाबू हरिश्चन्द ने की थी। वे स्वयं दोहा लिखने में सिद्धहस्त थे। उनका एक दोहा इसका उत्तम उदाहरण है:

भरति नेह नव नीरनित बरसत सुरस अघोर।
जयति अपूरब धनकोऊ, लखि नाचत मनमोर।।

आज प्रयोगवाद, नयी कविता, साठोत्तरी कविता से आगे चल कर जब हिन्दी कविता उत्तर आधुनिकता के देहरी द्वार तक पहुँच गयी है, दोहा का वर्चस्व पूरी तरह यथावत बना हुआ है। आज के तमाम समर्थ कवि खड़ी बोली, अवधी तथा ब्रजभाषा में दोहा छन्द को अपनी अभिव्यक्ति के माध्यम के रूप में अपनाये हुए हैं।

निष्कर्ष यह कि दोहा छन्द हिन्दी-कविता के प्रारम्भिक युग से लेकर आज तक की उसकी विकास-यात्रा का सच्चा साथी और साक्षी बना हुआ है।

-'बेकल' उत्साही

गीत

‘उत्साही हिन्दी’

मेरे पुरखे जायसी, ‘रहिमन’, अरु ‘रसखान’,
मैं सुगन्ध हूं देश की, देश है मेरी जान।
देश है मेरी जान, कि सब मेरे शैदाई,
गीत, छन्द, अतुकान्त, ग़ज़ल, दोहे, चौपाई।

मैं हिन्दी हूं यार मेरी औक़ात न पूछो,
मैं भारत की ज्योति हूं मेरी जाति न पूछो।
भाषाओं की धूप-छांव में मेरा सफ़र है,
मेरी गति पर जाने क्यों दुनिया की नज़र है।

मेरी गोद में जगमगाय मस्जिद औ' शिवाला,
बाहें गंगा–कावेरी अरु शीश हिमाला।
मैं ‘खुसरो’ का प्यार, प्यार ही मेरा जीवन,
दुनिया में लहकूं-महकूं भारत है उपवन।

छन्द

जिन नयनन द्वार बसै करुना, उन नयनन को तरुणाई भी दे,
ऋतु प्यार की प्यास तपै निसदिन, इसे शीतल मन अमराई भी दे।

अलसाए हुए अल्हड़ चितवन, चितचोरन को चतुराई भी दे,
सकुचाए हुए सुधियों के बदन, गदराई हुई अंगड़ाई भी दे।

प्रतिबन्धों से सहमा हुआ यौवन, कोई प्यार भरी अंगनाई भी दे,
सागर लहरै हिये प्सास हरै, अधरन तट को गहराई भी दे।

बिन अर्थ न गूंजे बोलि कोई, यदि गूंजे तो गूंज सुनाई भी दे,
जहां गीत सुहाग सिसकने लगैं, वहीं जीवन की शहनाई भी दे।

दिया इश्क़ तो जीने का दर्द भी दे, बढ़े रोग तो थोड़ी दवाई भी दे,
मुस्कान की धार बहे 'बेकल' अश्कों को तनिक रुसवाई भी दे।

गीत

दिल की लगी को कैसे बुझाऊँ,
रूठे हुए को कैसे मनाऊँ।
नभ के विहंग ने पंख पसारे,
सुख नयनन से जगत निहारे,
आ प्यारे तेरे गुन गाऊँ।
पवन चलै मदमाता हौले,
मेरी नैया डगमग डोले,
किस के सहारे पार लगाऊँ।
नाच रहे हैं चांद-सितारे,
टूट न जाएं दिल के सहारे,
रो-रो ग़म का मंगल गाऊँ।
आस कमल कुम्हला ना जाए,
याद तेरी सौ-सौ बल खाए,
आ जा दिल के दीप जलाऊँ।
रैन कटे ना होय सवेरा,
चारों तरफ़ है ग़म का अंधेरा,
कुछ भी नहीं यदि होश में आऊँ।
यार की यह अन्तिम परिभाषा,
बोल रही है मन की आशा,
जा 'बेकल' मैं ही रुक जाऊँ।

गीत

मुझे आज मत पुकारो !
मेरा ग़म भुलाने वालो, मेरे सामने ग़ज़ल है,
मैं गीत लिख रहा हूँ।

अभी कह दो ये उषा से, न लुटाए लब की लाली
कहो शाम की दुल्हन से न संवारे जुल्फ़े-बरहम
न सजाए कहकशां भी, अभी मोतियों की थाली
न बिखेरे मुस्कराहट अभी बादलों में पूनम
अभी चर्ख़ के सितारो !
कहीं अपने मुंह छुपा लो, मेरे सामने ग़ज़ल है,
मैं गीत लिख रहा हूँ ।

कहो कुमकुमों से खेले, अभी शाम भी अवध की
शबे-मालवा को लोरी अभी चाँदनी सुनाए
कहो गंगा के किनारे अभी लहके सुब्हे-काशी
अभी ताज की जबीं पर ग़मे-इश्क़ जगमगाए
सुनो दिलरुबा नज़ारो !
अभी नज़रें तुम झुका लो, मेरे सामने ग़ज़ल है,
मैं गीत लिख रहा हूं ।

न उठाए बारे-एहसां कोई भी कली किरन का
न धुलाए कोई चेहरा अभी आंसुओं से शबनम
न छुपाए रूप कोई अभी रौनक़े-चमन का
न उड़ाए रंगे-बादा अभी मयकशी का मौसम
अभी ऐ हसीं बहारो !
मयो-जाम सब हटा लो, मेरे सामने ग़ज़ल है,
मैं गीत लिख रहा हूं ।

अभी बांसुरी की लय पर, कोई रागिनी न झूमे
अभी सुब्ह के महल में कोई भैरवी न गाए
अभी जौ की बालियों को कोई देवता न चूमे
अभी और खिल के सरसों कोई गांव मत सजाए
अभी बांह मत पसारो !
मेरे खेत के उजालो, मेरे सामने ग़ज़ल है,
मैं गीत लिख रहा हूं।

गीत

ऐ मेरी फ़िक्र,मेरी ताबे-नज़र,
पहले जलवो को नज़ारों से बिखर जाने दे,
तब कोई गीत लिखूँ ।
गुन्चा-औ-गुल है अभी हुस्ने-तबस्सुम पे निसार
है अभी चांद सितारों की लगन वक्फ़े-सहर
है चमन ज़ार की मुस्कान भी पाबन्दे-बहार
मुँह अभी तकती है मन्ज़िल का हर इक राह गुज़र
वक़्त के सर से ये जादू भी उतर जाने दे,
तब कोई गीत लिखूं ।
नाज़ को सौप के दुज़दीदा निगाही की अदा
आइना टूट गया थक भी गई अंगड़ाई
बांह फैलाए है पूनम की तरफ़ काली घटा.
नाग बलखाए है भरमर पे चली पुरवाई
हुस्न का यूं भी तो अन्दाज़ निखर जाने दे,
तब कोई गीत लिखूं ।
है अभी रिन्दो के होठों पे मन-ओ-तू का सवाल
मयक़दे में है अभी आहो-फुगां पीने की
है अभी ज़हर के पैमाने में अमृत का जमाल
ज़िन्दगी वालों पे तोहमत है अभी जीने की
ये भी अरमान ज़माने का संवर जाने दे,
तब कोई गीत लिखूं ।

हां अभी धरती की आंखों में कंवल खिलने दे
फैल जाने दे अभी चेह्रा-ए-अफ़लाक पे दाग़
पूर्णमासी से अमावस को गले मिलने दे
और मजबूर की कुटिया में भी जलने दे चिराग़
ये ग़मे-शाम ब उनवाने-सहर जाने दे,
तब कोई गीत लिखूं ।

अश्क बेवा के अभी और छलक जाने दे
भीग जाने दे अभी दामने-पैमाने-हयात
और बिंदिया किसी माथे पे दमक जाने दे
हाँ अभी और संवरने दे नज़ारों की बरात
और अभी गर्दिशे-दौरां को ठहर जाने दे,
तब कोई गीत लिखूं ।

देख वह उठता है कोहसार के दामन से धुआं
वह उभर आई है माहौल के माथे पे शिकन
वह सुलगता हुआ तामीरो-तरक़्क़ी का मकां
वह झुलसता हुआ तहज़ीबो-तमद्दुन का बदन
ठहर ये क़ाफ़िला-ए-बर्क़ो-ज़रर जाने दे,
तब कोई गीत लिखूं ।

अक्ल की लूट में नज़्ज़ारा-ए-फ़ितरत का सिंगार
ज़ब्त की क़ैद में एहसास मोहब्बत की दुल्हन
लौ में शबनम की तड़पती हुई किरनों का वक़ार
शोला-ए-गुल में मचलते हुए नग़मों की पवन
हादसे ऐसे कई और गुज़र जाने दे,
तब कोई गीत लिखूं ।

विदा हुआ परदेसी

मैं तकती रह गई आंख बनी, टेसन से रेलिया चली गई।
जब आके रुकी थी टेसन पर
कोहराम था अपने जोबन पर
वह खड़ी-खड़ी थी हांफ रही
झूठे नातों के बंधन पर
हर सांस को थी जाने की ठनी, टेसन से रेलिया चली गई।

जब गूंज उठी सीटी की सदा
फिर धुआं उठा जी धक से हुआ
इक हाथ झरोखे से निकला
फिर मेरी तरफ लहराने लगा
मैं बर्फ़ पिघल कर दौड़ पड़ी, टेसन से रेलिया चली गई।

वह भीड़ कि कांधा छिलता था
अपनों से अपना मिलता था
मुझे कोई चुरा कर छीन न ले
इस डर से कलेजा हिलता था
मैं लाज मढ़ी सोने की छड़ी, टेसन से रेलिया चली गई।

जी हुलसे, उसको छू लेती
पी पहले सब आंसू लेती
इक बार लिपट जाती उसको
यादों से भरी खुशबू लेती
लेकिन मैं रीत में जकड़ी हुई, टेसन से रेलिया चली गई।

कुछ कह न सकी मैं साजन से
शरमा गई अपने दरपन से
परदेस में जादू होता है
सुनती आई यह बचपन से
कोई मोह न ले जादूगरनी, टेसन से रेलिया चली गई ।

मुझे छेड़ के पूछा सखियन ने
क्या वादा किया है मोहन ने
मैं भेद छिपा लेती लेकिन
सब कह दिया दिल की धड़कन ने
मेरे रूप की रंगत उड़ने लगी, टेसन से रेलिया चली गई ।

गीत

सुहानी रात में भीनी हवा भी गुदगुदाती है
मै हूं परदेस में, मुझ को वतन की याद आती है

कहीं पिछले पहर टीले पे वह बजती है शहनाई
वह उकसाती हुई चोटों को खामोशी में पुरवाई
वह जंगल से पपीहे की लगन मस्ती में लहराई
उठी वह सेज से उषा की लाली ले के अंगड़ाई

वह कोयल बाग़ के सन्नाटे में जादू जगाती है
मैं हूं परदेस में, मुझ को वतन की याद आती है

हथेली पर कली की ओस की वह कुनमुनाहट भी
हर एक पत्ती के चेहरे पर किरन की मुस्कराहट भी
झरोखे से किसी के घर में आ जाने की आहट भी
वह देहरी पर दिये की धड़कनों की जगमगाहट भी

सुहागिन मांग अरमानों के दर्पन में सजाती है
मैं हूं परदेस में, मुझ को वतन की याद आती है

वह लादे पीठ पर बस्ता ललन स्कूल जाता है
धरे कान्धो पे हल खेतिहर वह बैलों को हंकाता है
वह कोई साइकिल पर लाद कर बाज़ार लाता है

कोई टूटी हुई कुटिया की वह दीवार उठाता है
नहा कर नहर में गोरी कोई कपड़े सुखाती है
मैं हूं परदेस में, मुझ को वतन की याद आती है

वह महुआरी में मदमस्ती के आंचल का महकना भी
वह पीपल के तले वादों का मुरझाना लहकना भी
कहीं वह नीम की फुनगी पे श्यामा का चहकना भी
वह पनघट पर किसी प्यासे की दुनिया का दहकना भी

भरी गगरी लिये राधा कन्हैया को नचाती है
मैं हूं परदेस में, मुझ को वतन की याद आती है

खुले आकाश के नीचे वह सोने का बिछौना है
वह अंगनाई में चाँदी के सितारों का खिलौना है
हुई वह सुबह तुलसी मैया के चरनों का धोना है
धुएं में चूल्हे के वह सारे सपनों का सजोना है

तवे के गर्म होठों पर वह रोटी गुनगुनाती है
मैं हूं परदेस में, मुझ को वतन की याद आती है

गीत

मेरी नाहीदे-सुख़न, ऐ मेरे गीतों की फबन !
चल कहीं और चलें ।
बाप का खून, इबादत की घड़ी, पूत के हाथ
क़त्ल भाई का सरे-राहे-गुज़र नाज़ के साथ
मां की इस्मत को भी ताके वही बेटों के नयन,
चल कहीं और चलें ।
लाश के पास ये सहमी हुई ममता की पुकार
बिजलियाँ टूट पड़ी बाग़ में आते ही बहार
रूप बेवा का छुपाए हए घूंघट में दुल्हन,
चल कहीं और चलें ।
यास की धूप से झुलसी हुई फ़सलों की हयात
ज़ब्त की छांव में अलबेले इरादों की बरात
ज़िन्दगी जैसे है फ़रियाद के होठों की थकन,
चल कहीं और चलें ।
ये हसीं रात ये रक़्से-महो-अन्जुम का समां
जगमगाती हुई ये जलवागहे - माहवशां
तीरगी ओढ़ के आई है तजल्ली का कफ़न,
चल कहीं और चलें ।
जश्न ये तीराशबी का, ये चिराग़ों का जमाल
जैसे राही को भटक जाने पे मंज़िल का ख़याल
जैसे परदेस में बहलाती हुई यादे वतन,
चल कहीं और चलें ।

गीत

दुनिया है दो दिन की महफ़िल
जीवन गीत न गा बावरे

जीवन की घटनाएं ऐसी जिसमें लाख झमेले
निस दिन आने जाने वाले यह है जीवन के मेले
होश में आ, और जाग रे ग़ाफ़िल
मन की ज्योति जगा बावरे

डगमग डोले सांस की नैया प्रेम भंवर अलबेले
ग़म की मौजें मारें थपेड़े आशाओं से खेले
छूट गया कश्ती से साहिल
पार लगा जा बावरे

प्यार ने खेल हज़ारों खेले, वह जीते हम हारे
जीते जाएं याद में उनकी दुख और दर्द के मारे
नयनों ने छलकाए पायल
तू भी रो-रो गा बावरे

इश्क़ का ये अन्जाम रहा, आशा एक सहारा
जैसे 'बेकल' झिलमिल-झिलमिल हो आकाश का तारा
टूटा तारा टूट गया दिल
मर-मर जीता जा बावरे

गीत

जब लगे दिल पे नयनों के बान, ग़ज़ल तब होती है

लफ़्ज़ों के झुरमुट में फ़िक्र जवां हो,
तख़ईल हो बाशऊर
मफ़हूम निखरा हो हुस्ने-बयां हो,
लहजे में भी हो सुरूर
जब शगुफ़्ता हो दिल की ज़बान, ग़ज़ल तब होती है

सहने-गुलिस्ताँ में शोलों की बू हो,
कलियों के सर पर हो आग
फूलों के आरिज़ पे दिल का लहू हो,
शाख़े - नशेमन हो नाग
ज़िंदगी जब बने इम्तिहान, ग़ज़ल तब होती है

अलसाई राहों में पिछला पहर हो,
अंगड़ाई लेती हो रात
हुस्ने-सरापा ज़ेरे-नज़र हो,
चिलमन में हो कायनात
जब कोई भी न हो दरमियान, ग़ज़ल तब होती है

चांदी से खेतों की थाली में लहके,
सोने-सा फ़सलों का रूप
मोती की लड़ियों-सा खलिहान दमके,
नहरें नहाती हों धूप
लोक गीतों में गुम हो किसान, ग़ज़ल तब होती है

भीगी फ़िज़ाओं में मौसम की बाहों में,
फूले हों सरसों के खेत
कोई नवेली भी यादों की राहों में,
प्यासी हो गगरी समेत
गांव पनघट पे जब हो जवान, ग़ज़ल तब होती है
जब हसीं हो कोई मेह्रबान, ग़ज़ल तब होती है

गीत

फिर उभर आई है चोट ऐसी कि बस,
मेरे गीतों की पुरवाइयो चुप रहो !

दहकी-दहकी ये फूलों की अंगनाइयां
आग बरसाती भंवरों की शहनाइयां
फिर बहारों ने छेड़ा है ज़िक्रे-क़फ़स[1]
मेरे गीतों की पुरवाइयो चुप रहो !

जलवा-ए-शामे-नव, बिजलियों का गुमां
सुबह का नूर जैसे चिता का धुआं
फिर डराते हैं दैरो-हरम के कलस
मेरे गीतों की पुरवाइयो चुप रहो !

आरिज़े-जाम पर है लबों का लहू
तिश्नगी बन गई मुजरिमे-आरज़ू
मैकदा जैसे मक़तल है अब के बरस
मेरे गीतों की पुरवाइयो चुप रहो !

कोई लट दहके आरिज़ को छू जाए है
हौज़े-मय में कोई नाग लहराए है
तीरगी पी रही है उजाले का रस
मेरे गीतों की पुरवाइयो चुप रहो !

गीत

ऐ ! महलों के रहने वालो क्या है सुकूं कैसा आराम
झोपड़ियों में बसने वालो बिन दीपक की कैसी शाम
जलते-बुझते शाम-सवेरे ने किस को पहचाना है
इक दिन सब को जाना है ।

अहदे-जवानी, बहता पानी, और बुढ़ापा उतरी कमान
बचपन शाम की सेज की लोरी, सांसें दो पल की मेह्मान
मेह्मानों को उनकी हद तक अख़्लाक़न पहुंचाना है
इक दिन सब को जाना है ।

कोई किसी को रोक न पाया, दौलत, हुस्न, न इश्क़, न प्यार
बुझ जाएंगे दीप मिलन के सूना हो जाएगा सिंगार
जीवन एक इतिहास का पन्ना यादों का अफ़साना है
इक दिन सब को जाना है ।

ऐ ! मेरी 'मीरा' मेरी 'शहनाज़' न रोको राह मेरी
आँसू हूं मैं बह जाने दो, तुम क्या जानो चाह मेरी
दरिया के दामन में 'बेकल' क़तरा को मिल जाना है
इक दिन सब को जाना है ।

गीत

तेरा रूप तकूँ तो सपन लगे
तेरा पाँव छुऊँ तो गगन लगे
तू और किसी का है लेकिन, फिर भी तू मेरा सजन लगे।

तू मिला भी फिर भी मिला नहीं
तेरा परिचय मुझ से हुआ नहीं
तू पास आकर भी दूर सही
यह बिछुड़न जैसे मिलन लगे, फिर भी तू मेरा सजन लगे।

तू उठे तो पर्वत झुक जाए
तू चले तो आंधी रुक जाए
तेरी धूप-छांव तकदीर मेरी
मेरा सूरज तेरी किरन लगे, फिर भी तू मेरा सजन लगे।

तू नदिया जिसके घाट नहीं
पानी गहरा है पाट नहीं
सब ठाट है तेरी लहरों के
मन बीच भंवर में मगन लगे, फिर भी तू मेरा सजन लगे।

मेरी आस भी मिल कर बिछड़ गई
मैं हमसफ़रों से पिछड़ गई
जब-जब रस्ते में चांद उगा
तब-तब चांदनियाँ चुभन लगे, फिर भी तू मेरा सजन लगे।

कुछ रात गए अंगनाई में
तू लिपट गया तनहाई में
जब सुबह हुई अंगड़ाई ली
मेरा बिखरा-बिखरा बदन लगे, फिर भी तू मेरा सजन लगे।

मैं अंग-अंग से टूट गई
मेरी कोरी गगरिया फूट गई
पनघट से छूछी से लौट आई
सखियाँ छेड़ें तो थकन लगे, फिर भी तू मेरा सजन लगे।

विश्वास की कैसी भूख हुई
मैं धोखा खा गई चूक हुई
दो-टूक हुआ मन का दरपन
जब हूक उठे तो अगन लगे, फिर भी तू मेरा सजन लगे।

तुझे अपना कहूं क्या सूझ गई
मैं बूझ से अपनी जूझ गई
मेरी सोच भी तेरी आवन की
आहट-आहट पर घुटन लगे, फिर भी तू मेरा सजन लगे।

जी चाहे तुझको पा जाऊँ
मैं लौट के खुद में आ जाऊँ
दुश्वार है ये भी आसां भी
अनचाहा हर इक जतन लगे, फिर भी तू मेरा सजन लगे।

जिस ओर कहे मैं मुड़ जाऊँ
तू जब चाहे मैं उड़ जाऊँ
'बेकल' कोई ज़ोर न रोक सके
तू आंचल-आंचल पवन लगे, फिर भी तू मेरा सजन लगे।

सावन गीत

सावन फूलै केतकी भादौं फूले अनार
मोहे निर्मोही असु बिसरायो मैं बिसर गई संसार
सखी! बन बन बेला फुलागे
निठुर परदेस बसे
मोहे भूल गए
रैन अंधेरी बादरि घेरे, जुगनू दीप जलाए
मोह की नागिन जियरा पे लोटै, झींगुर बीन बजाए
सखी! चम्पा किए है अरघान
निठुर परदेस बसे
मोहे भूल गए
भुइयां छुअत डोले बैरी पुरवैया बगियन रस बरसाए
कलसा भरे चली ताल-तलैया मेघ मल्हार सुनाए
सखी! लहकत है सगरौ सिवान
निठुर परदेस बसे
मोहे भूल गए
घिर आई कारी-कारी बदरी संवरिया रिमझिम दैवा बरसे
कुहके कोयलिया अरू पिहके पपीहरा 'बेकल' मनवा तरसे
सखी! नान्हा-सा जिया बौरान
निठुर परदेस बसे
मोहे भूल गए

मोरा गांव

नाचै ठुमुक ठुमुक पुरवाई
खेतवन बांह लेत अंगड़ाई
देवी देवता सोवैं फूल की सेजरिया,
निराला मोरा गांव सजनी।

सरसों की झुमकी झप लटके,
अरहर की पैजनिया।
करनफूल गोहूं के दमकै,
मटरा की करघनिया।
झूमर चूमै जौ का माथा,
झमकै हुनि अंगनाई।
मोती बरसे खरिहान की बखरिया,
निराला मोरा गांव सजनी।

बगिया में अमवा की छहियाँ,
जुगनू की संझबाती।
चाननिया चन्दा की बहियाँ,
जोति सुधा बरसाती।
झींगुर मिल अलगोजा टेरैं,
बजै रैन सहनाई।
थिरकै राधा संग स्याम संवरिया,
निराला मोरा गांव सजनी।

बन उपवन हरियाली हुलसै,
माटी सुघरि बहुरिया।
बंसवारी लौचा झकझोरै,
यौवन मस्त बयरिया।
पेड़न पंछी चांदी ढोरै,
नदिया बीच मछरिया।
बरसै झूम-झूम के सोने की बदरिया,
निराला मोरा गांव सजनी।

पुरखों की धरोहर

गांव हमारे चल निर्मोही, चल निर्मोही गांव हमारे रे !
कब तक यों ही जंगल-जंगल भटकेगा बन्जारे रे !
चल इक बार देख ले, कल का मौसम तुझे पुकारे रे !

गांव तेरे पुरखों का धरोहर,
तेरे बचपन की अंगनाई।
तेरे बीते दिनों की यादें,
बाग़ों में बजती शहनाई।
नीम की शीतल छांव बुलाए, पनघट तट सनकारे रे !
चल निर्मोही गांव हमारे रे !

सरसों की पीली पीली चोलिया रंगाय के,
गोहुवां की बलिया की झुमकी रचाय के।
मटरा की छीमी करधानिया गढ़ाय के,
मसुरी के मथवा पे बिंदिया सजाय के।
लाज की गोरिया फ़सल बहुरिया निरखै बइठ ओसारे रे !
चल निर्मोही गांव हमारे रे !

तलवा मां चांदी घोरे चेल्हवा मछरिया,
चंदवा ओसावै हीरे मोती की अंजोरिया।
सुरजा झुराय ताने सोने की चदरिया,
कुइयां अवांसै कोरी माटी की गगरिया।
चैत कनकनी नागफनी सी किरन-किरन भिनसारे रे !
चल निर्मोही गांव हमारे रे !

लुकिया झकोरि खनकाय गई कंगना,
पिहकै मजोर बंसवरिया करिंगना।
टुटही ओरौनी हेराय गए अंगना,
पिपरा के खोंजड़ा लुकाय गए सुगना।
जेठ दुपहरी की पुरवैया थिरकै अंग उतारे रे !
चल निर्मोही गांव हमारे रे !

भुइयां का अंचरा भिगोय गए सवनवा
चुनरी चिपक गई गोरी के बदनवा
कजरी मां बूड़ गए खेतवा सिवनवा
बिजुरी की अंखिया मा पौरे परनवा
झिंगुरन के गुंजन अगवारे दादुर धुन पिछवारे रे !
चल निर्मोही गांव हमारे रे !

दिनवा जुड़ान अरु ठिठुरि गई रतिया
देहरी पा बरतै बुढ़ान संझिबतिया
अगिया को चुल्हवा लिखन लागी पतिया
भितिया लगावै लागी घमवा को छतिया
बुकनी कड़ुवा तेल चूस गए मकुनी रोटी गारे रे !
चल निर्मोही गांव हमारे रे !

बदरवा के फूल

लहकै खेतिया मा पानी
बहकै नदिया सयानी
खरिहनवा हेरानी अमराई, बदरवा से फूल झरै।

पेड़न की फुनगी के अंगना हेरै घाम जोनहिया
राधा ओर का छोर न पावै, पंवरै कुंवर कन्हैया
सागर बनी कदम की छंहिया बूड़ै आंख मिचौली
लहर लहर से नाग नाथ के नटवर करै ठिठोली
बाजत नाही झांझ मजीरा जंचत नाहि मिरदंग
ग्वालन बाल बिसर गए थिरकब रचत नाहि हुड़दंग
होई गए रुनझुनि बिरानी
खरिकै कंगन की बानी
जियरा अगनि लगावे सहनाई, बदरवा से फूल झरै।

पिंजरा सून छोड़ि गए सुगवा गूंगी भयी ओरौनी
अलगनिया टंगना बिन सूखै ललना बिना बिछौनी
अब नाही डारै कोई निबिया पे झुलवा
नाही हीले डोले केहू धनिया का कुल्हवा
कोहू नाही गावै अब खेलनी निकौनी
लागै नाही लहरा का बान
नाही घरर-घरर बोलै चकिया, ढेकीवा न चिहुकै रे
नाही सिहरि सिहरि आधी रतिया पपीहरा न पिहुकै रे

मइया पूजौ को भुलानी
गोइया सुधि बौरानी
गंगा सगुन उठावे अंगनाई, बदरवा से फूल झरै।

लागि असाढ़ खिली लरकैया सावन हरी जवनिया
भादौ कांस उमर की फूली झरै कुवांर की छनिया
माटी जरिके सेरानी
कौंधा उरि मा उतानी
भुई की बाहीं खेलत पुरवाई, बदरवा से फूल झरे।

बन-उपवन पर्वत का अंचरा 'बेकल' नयन भिगोयो
बसुधन कै चौडगरा उल्चेयो अंजुरी धूरि संजोयो
तोहरी रहिया अजानी
फिर भी हिया मा समानी
तोहरा नेहा निठुरि हरजाई, बदरवा से फूल झरै।

चैती गीत

बन-बन बोले चिरैया-हो रामा-चैता बीता जाय

चली महुआ बीनै धारे मूड़े डेलरी
काकन जोहे सखिया सहेलरी
चला खरिहान खेतिहरवा हो राम चैता बीता जाय

सीस पा पगिया अरू हाथे मा पैना
थोरै अंगौछा मा बांधे चबैना
दांय नगचाना किसनवा-हो रामा-चैता बीता जाय

खेतवन मा मारै लगे बिरवाही
दूर सिवाने मा करै चरवाही
गइया चराय गावै बिरहा-हो रामा-चैता बीता जाय

हरी-हरी निबिया कै लौचा फुलाने
लागे टिकोरे बऊर मुरझाने
कुहुक जिया जारे कोयलिया-हो रामा-चैता बीता जाय

टेसू फुलाय के झरि नगचाने
कैरी निकस आई बन हरियाने
पिया-पिया गाये पपीहरा-हो रामा-चैता बीता जाय

हे री सखी मैं हूं मधुआ की मारी
हिलमिल बगिया मा हो लच्चीडारी
ऐसे मा पीवा बिदेसवा-हो रामा-चैता बीता जाय

मोरा बिदेसवा मा जियरा है लागा
मोरी अटरिया पा बोला है कागा
लावा सजन का सन्देसवा-हो रामा-चैता बीता जाय

पिहके पपीहरा अरू कुहके कोयलिया
'बेकल' बनाय मोहे पिया बिन बोलिया
निसदिन निरखूं डगरिया-हो रामा-चैता बीता जाय
बन-बन बोले चिरइया-हो रामा-चैता बीता जाय

बसन्ती वियोग

गोहुंवा की बलिया पाकी
अमवा बऊरि गइले
खेतवा मा नाचै अरहरिया,
हो संवरिया मोरे होई गइले गुलरी के फूल।
गमकै अगंनवा मोरा
झमकै गहनवा मोरा
झाँके ला जवनिया का उजेरिया,
हो संवरिया मोरे होई गइले गुलरी के फूल।
फुलवा का रोवै गजरा
अंसुवा मा सोवै कजरा
मदिरा मा भीगैला चुनरिया,
हो संवरिया मोरे होई गइले गुलरी के फूल।
मुस्की सपनवा होई गय
दुखड़ा कंगनवा होई गय
नथिया लगावै ल नजरिया,
हो संवरिया मोरे होई गइले गुलरी के फूल।
पपिहा पुकारत पीवा
थर-थर लरजत जीवा
खरिकै करेजवा मा बयरिया,
हो संवरिया मोरे होई गइले गुलरी के फूल।

चंदवा चोरौले बिंदिया
रतिया न औले निंदिया
अग्नी मां दहके सेजरिया,
हो संवरिया मोरे होई गइले गुलरी के फूल।

हरेरी जेठ की

बद-बद चुवै बगियन-मा अमवा बहे झकझोर बयरिया न
मधु की माती सखी सहेली खेलें भल खड़ी दुपहरिया न

नीब के बिरवा से झरै निबकौरी जामुन फूल फुलाने
महुआरिन मा चुए कोलैंदी झरि-झरि तेन्दु ओराने
केहू असु बिछुड़ा निठुर बेदर्दी कि पियु-पियु करे पपिहरा न

कनइल फूल पा मधु की माखी भैरों राग सुनाए
बेला बन की शोभा बन गए बेल अरघान मचाए
दिन फल आए बहुरि भंवरा कै कि बाजी रसभरी बंसुरिया न

ठिहुकत चील्ह सेमाल की डारी सुगा झुण्ड उधियाने
बरसत लूक बुहारत भुइंया झोंझ मा बया लुकाने
ऐसी लागी बिरहा की अगनी कि कुह-कुह करै कोयलिया न

नदी किनारे कुंस गड़रा की 'बेकल' नस हरियाने
कठजमुनी की डारि लहक गए खजुहा ताल झुराने
तप गए सगरौ भुई अकसवा कि रंग गोरहर भय संवरिया न

खेलनी निकौनी

पियु कहां... पियु कहां?
पियु कहां..पी..पी..पी..पी
मोरे पिया गये परदेस भेजैं चिठिया ना सन्देस
मोरे मन मा उठै अन्देस मोरा कैसे कटै कलेस
पिया पिया बोलै बैरी पपीहरा
करेजवा मा हूक उठे
झोल अंधियारे पछलहरा जब मौन भुजैटा बोले
नींद उचट गय चौंक पड़ी मै जियरा डगमग डोले
मोरी ऐसे मा सूनी है सेजरिया
करेजवा मा हूक उठे
तड़के उठि-उठि चारा चुगने दूर-दूर उड़ जाएं
गऊधूरि होते अपने-अपने डेरन पर जुटि जाएं
पिया ऐसे मा बसे है बिदेसवा
करेजवा मा हूक उठे
बन फुलवारी फूली जोन्हैया फूलन लागी कांस
कहो कन्त कब अइहो द्वारे तुम बिन रहूँ निरास
देख्यौ भूल न जायो निर्मोहिया
करेजवा मा हूक उठे

गीत

धरती के अंचरा पे बदरा की छहियां से खेतिया कै जियरा जुड़ान
बहिनी की पिठिया पे बिरना की बहियां से दुनिया के दुखड़ा भुलान
गंवई की मटिया की सोंधी महकिया से मनुआ मोरा बौरान
रुत के अंगनवा मा खेले फुलगेंदवा होई गइले रचना सयान

गोरी तुम्हरे नयनवा के भाव रचनवा मा रंग भरै
गोरी अल्हरे कंगनवा की बोलि परनवा से राड़ करै
गोरी देखि-देखि मुखड़ा की जोति रैनवा से भोर तरै
गोरी लहकै फगुनिया बयार करेजवा मा हूलि धरै

खड़ी दुपहरिया मा जेठवा कै घमवा उखिया के खेतवा मजूर
अम्बवा की बगिया घरौंदा की रंगुली झारै बंसरिया की धूर
तुम्हरे शहरवा की नक्की अजोरिया से याद आवै बपई का गांव
तुम्हरे महलिया की सि-तरी बयरिया से भूलै नाही निबिया की छांव

कहरवा गीत

कान्हा रोको न डगरिया, मैं भरे हूँ गगरी
नरम कलइया करक न जाए हूक से लचके न बांह
पनघट पर सब ठाड़ सहेलरी निरखै बलम की राह
न बजाओ बंसुरी
कान्हा रोको न डगरिया, मैं भरे हूं गगरी

प्रेम नगर की बनी दुल्हनिया बंधा आस का कंगन
दर्द का बदरा आंसु बहावै जैसे बरसे सावन
नयना छायी कजरी
कान्हा रोको न डगरिया, मैं भरे हूं गगरी

आस–निरास के भेदभाव में जीवन की कठिनाई
लाज की देवी अंगना नाचै बजै मिलन सहनाई
भीगै नेहा चुनरी
कान्हा रोको न डगरिया, मैं भरे हूं गगरी

'बेकल' केहि के द्वारे जाऊँ बीच मा है संसार
का जाने क्यो रूठ गए हैं अब मोरे करतार
बैरी होई गय सेजरी
कान्हा रोको न डगरिया, मैं भरे हूँ गगरी

लहरा कुंआर का

आ जा कुंआर है मोरे निर्मोहिया
बेदर्दी आ जा रे

चमकत बिजुरी गरजत बदरा बुंदियन रस बरसाए
तुम बिन सोहे न नयनन कजरा बिरहन नीर बहाए
आस की अंखिया निरखत रहिया
बेदर्दी आ जा रे

रुत है सुहावन राग सलोना खेतवन चुनरी हरेरी
हुनि की नगरिया बरसत सोना जय जय भगवन तेरी
प्रेम मुरलिया बजावै कन्हैया
बेदर्दी आ जा रे

खेत किला भय धन कै धरोहर जेहि की मेढ़ दिवारी
सरहंस बिगुल बजावै मनोहर करि निस दिन रखवारी
झारत बटिया का रेंग रेंग गोहिया
बेदर्दी आ जा रे

बिदा भई बरखा

टप-टप परे बूंद चितवा की, गगन सरहंस मेड़राने ना
कड़ाकुल कन बटोरि उड़ धाए, बादरि चहुंदिस बिथराने ना

सांझ भयी पंच्छू दिस निरखा सांवरि नयन मनोहर
अमृत विष है दुई प्याली मा चित का मोह धरोहर
जिये मरै जेहि नैना चितवै, मन ऐसन बौराने ना

चन्दा पै घूंघट बदरी कै कजरी झारि पिछावर
गोटा ठाठ धानक कै टांकै ललरी मारि महावर
रतिया उऐ सुकौवा थिरके, ओढ़निया निलहर ताने ना

पछलहरा, गोयड़े मा चतुरा साधु भुजैटा जागा
मैना के संग जगी भैरवी गाए भोरहरी कागा
बगुला पंख धोय मनमारे, पेढ़किया हरि मा हेराने ना

तड़के बड़े किरन पौ फटते जुटे मजूर अरू खेतिहरि
धुवां निकासै चिमनी मिल की दांत चियारे पलिहरि
नस-नस टूट गई धरती की अंगना हुनि मुस्काने ना

बेहा कुंवा गांव के नियरे चरखी लगी हठीली
ठाढ़ जगत पर राढ़ करत है बांह मोरी लचकीली
ठौरे मुरहा गोरू चरावै, टियरै बिरहा सुहाने ना

तिल, उरद, अरहर, खरगोन्दवा लहकै पांव पसारे
सगर, तरोई, फूले जड़हन जग के नयन निहारे
जेसु अधिखुली रसीली अंखिया, पेटुआ वैसे फुलाने ना

फूली कांस कटी हसुअन से बोझन बांध संवरिया
मधुमाती अब काव संभारै कैसे चले डगरिया
ऐसन दिनवा कभौ न बीतै, 'बेकल' जिया नाही माने ना

चैतहरा

महुआ की डारी मा कूचा लागे फूलन लागे मदार
तुम निर्मोही बिदेस मा छायो, निरखूं बाट तुम्हार
बन मा कोयलिया कुहकन लागी आए चैतहरा का मास हो रामा

झरि गए पात निकस आई कैरी
बोले भुजैता भोरहरी भोरहरी
टेसू फुलाय के झरि नगचाने किहे कटहर अरघान
बगिया मा चन्दा घरौदा मा खेले, झुक-झुक झारै खरिहान
अमवा की डारी लचकन लागी, आए चैतहरा का मास -हो रामा

सेखुअन बिरवा मा लागी सराई
करइन पात गई है हरियाई
गेहूं, चना, जौ, अरहर, मसुरी बलिहन आये झपकार
पिछले समय चली सखिया सहेली कतनिन हंसुआ संभार
मस्त पवनिया डोलन लागी, आए चैतहरा का मास-हो रामा

चेंक्सू, ढेकुल, रहट चलै फिरि झिरि झिरि कूल का पानी
खेतिहर ईख के कोहा सीचै दूबन नस हरियानी
दूर कहूं सीसौ की डरिया पियु-पियु पपिहा बोले
हे री सखी अब काव करी मोरा 'बेकल' मनवा डोले
नेहा गगरिया छलकन लागी, आए चैतहरा का मास-हो रामा

गीत

(पड़ोसी आक्रमण)

उठि छाड़ दे निंदिया से प्यार सजना
झांकै डड़वार ठगहार सजना
ई ठगहार परौसी आपन पहले किहिस मिताई
भीत से अक्सर घात करत है मति यहि की चतुराई
हमे काट खाय सेजिया हमार सजना
उत्तर ओर देवाल से झांकै बैरी भोरि अंगनवा
बैसाखा घत करै ढिठाई राड़ करै बेइमनवा
देख घुइरै मोरि मोतियान का हार सजना
उठि अब छाड़ि सुहाग सेजरिया जनगन सबौ जगाइ दे रे
पोंछ ले हमरे माथ का सेंदुर मां के चरन चढ़ाई दे रे
कै दे गंवईमा यहि के गोहार सजना
वारि दे मां की लाज पे बढ़ के हमरी भरी सेजरिया
जब मइया का बैरी ताकी हमका बनब बहुरिया
लैके का करबै सोलहो सिंगार सजना
ले कंगना से लाव सरोही पहुंची बेंच के तीर
अगिन बान बिछुअन से नथ से सबद बान समसीर
गढ़ ले हंसुली से बिखिया कटार सजना
तुम्हरे चरन की छांह रहब जेस दीप के संग पतंगा
निर्मोहिया फहराय दे बढ़ के अंचरा मोर तिरंगा
उठि ठगवन से बखरी संभार सजना

वियोग

(गीत पहाड़ी पूर्वी)

कैसे करूं मैं सिंगार, बालम रूठ गए
नयना काजरि केहि विधि दैलूं
केहि विधि मांग भरूं
हृदय पे उन कै अधिकार, बालम रूठ गए

रैन कटै न कोई सुख से
न दरसन से तरूं
याद रहै हर बार, बालम रूठ गए

सारे पड़ोसी के घर देखा
अब केहि ठिर सीस धरूं
ताना भारत परिवार, बालम रूठ गए

मिलन घड़ी वे सूतन लागे
अब का जतन करूं
जगिह न सरकार, बालम रूठ गए

गीत

तुम ही मेरे प्रान अधारे, तुम बिन जी न सकूंगी

पहली नज़र में घायल हो गई घाव हुआ न पूरा
दूजे नज़र बदनाम हुई मैं सपना रहा अधूरा
मारें थपेड़े प्रेम के धारे, तुम बिन जी न सकूंगी

क्या जाने क्या जादू कर गया वह निर्दय निर्मोही
मन में छुपा के रख लिया मैंने है बेदर्द बटोही
हर आशा पर चल गए आरे, तुम बिन जी न सकूंगी

कैसे कहूं मैं हो गई तेरी लाज लगे शरमाऊँ
अपने अकेलेपन को सारी भेद की बात बताऊँ
टूट पड़े आकाश के तारे, तुम बिन जी न सकूंगी

बात-बात में मुझको छेड़ै चंचल मन 'उत्साही'
मोड़ के मुंह परदेस न जाना दूर देस के राही
फीके हो जाएंगे नज़ारे, तुम बिन जी न सकूंगी

विजय शहनाई

फूल गई कचनार, विजय की बाजी शहनाई

स्वागत की पुरवाई डोली
लहकी ईद दिवाली होली
झूमें सभी त्योहार, विजय की बाजी शहनाई

वीर मेरे बांके अलबेले
जो दुश्मन के खेत में खेले
सब को लुभाए सुकुमार, विजय की बाजी शहनाई

माथे तिलक बांह शमशीरें
कौमो वतन की यह तक़दीरें
इन पे जगत बलिहार, विजय की बाजी शहनाई
भारत माता की आशाएं
वीरों पर अमृत बरसाएं
धरती लुटाए प्यार, विजय की बाजी शहनाई

नकटा गीत

खारा पानी विषैली बयरिया
बलम बम्बइया न जायो
रोज हुआं सुना चक्कू चलत हैं
बड़ि मनइन कै दादा पलत हैं
टोना मारति है फिल्मी गुजरिया
बलम बम्बइया न जायो
लागि रहत फुटपथिया मेला
गलियन मा बिन भाव झमेला
मारै बिल्डिंग गगन का नजरिया
बलम बम्बइया न जायो
दूनौ जने हियां करिबै मजूरी
घरबारी से रहियये न दूरी
हियें पक्की बनैबै बखरिया
बलम बम्बइया न जायो
निरधन है पर मन के धनी है
हमरे गांव मा कौन कमी है
स्वर्ग लगत है हमरी नगरिया
बलम बम्बइया न जायो

तुम्हारे शहर के लिए

मैं शायरी के छोटे-मोटे गांव का किसान हूँ
मैं पत्थरों के बीच एक कांच का मकान हूँ
कोई भी धन नहीं है मेरे पास पर महान हूँ
दुखों का क़ाफ़िला मेरा मैं क़ाफ़िले की जान हूँ

सिंगार की जुबान का, दुलार के जहान का
मैं गीत बुन के लाया हूं, तुम्हारे शहर के लिये

रुपहले मौसमों का मन, सुनहरे मनचले सपन
गुलाबियां भरे नयन, कुसुम की लहरिया चुभन
गुदाज़ सोच की फबन, सुडौल नर्म अपना पन
दहकते चम्पई बदन, सलोना सादा पैरहन

नशीले सायबान का, हठीले आसमान का
मैं गीत बुन के लाया हूं, तुम्हारे शहर के लिये

मगन मगन हवा चले, मुंडेर पर दिया जले
बबूल की पलक तले, मचल-मचल के दिन ढले
बग़ीचे शाम के फले, मिलन के आसरे पले
सजग समय के लाड़ले, हुमुक हुमुक के घर चले

परिन्दों की उड़ान का, सितारों की थकान का
मैं गीत बुन के लाया हूं, तुम्हारे शहर के लिये

वसूले - तन जफ़ाकशी, रंगों में खूने बन्दगी
अना की हद है सादगी, न बदगुमा न खुदसरी
मिसाले - किश्त ज़िंदगी, निजाते फस्ल सरखुज़ी
न माटियों की भूख ही, न पानियों की तिश्नगी

गगन के स्वाभिमान का, ज़मीन के बिहान का
में. गीत बुन के लाया हूं, तुम्हारे शहर के लिये

दुआर पर धुंआ-धुंआ, मकान में नया कुआं
दरख़्त था हरा जहां, अलाव इक जला वहां
हर एक सांस सरगरां, ख़मोश सब मिज़ाजदां
दबंग दस्ते - नातवां, उमंग बाजु - ए जवां

विकास की चटान का, वतन की आन-बान का
में गीत बुन के लाया हूं, तुम्हारे शहर के लिये

हम पूरब के लोग

कुछ नहीं जानै सिवा प्यार के, हम पूरब के लोग
वार सहें जी जान वार के, हम पूरब के लोग

छल फ़रेब का क्या मतलब है क्या होती चतुराई
फिर भी डस जाती है हम को समय की हर अंगड़ाई
ज़हर पिएं दुनिया निहार के, हम पूरब के लोग

लगे भोर की धूप तेज़ तो चुभे सांझ की छांव
कड़ुवे लगते महानगर तो फीके लगते गांव
मस्त है मन का बोझ उतार के, हम पूरब के लोग

हम धन में रहकर निरधन है कसबल के शौक़ीन
पच्छिम की जब लगै हवाएं जीवन लगै मशीन
ज़िन्दा रहते खुद को मार के, हम पूरब के लोग

एकजुट हो कर रहते-रहते कर लेते बँटवारा
नफ़ा बांटते है औरों को अपना सहें ख़सारा
खुद बिगड़े सब को सँवार के, हम पूरब के लोग

सोंधी माटी हवा रसीली मौसम फूलों के
अपनी धरती अवतारों की जगत रसूलों के
हैं चाकर इन के दुआर के, हम पूरब के लोग

सल्तनतें हक़दार को सौंपी राजमुकुट ठुकराए
हम ने हर मुमताज़ के ग़म में ताजमहल बनवाए
नक़द रहे सब के उधार के, हम पूरब के लोग

लड़ी कभी भी जंग तो समझो लड़ी प्रीत की जंग
अपना सब कुछ खोकर जीती सदा नीत की जंग
जीत का जलसा करें हार के, हम पूरब के लोग

गीत

कितना ऊंचा परबत होता कितनी गहरी खाई
जवानी कुछ नहीं जाने यार

लूक चले या बरखा बरसै, बर्फ़ हो या अंगार
आईना हर मोड़ पे चाहे रितु का रूप सिंगार
सस्ते हैं जीवन के सौदे या नाचे मंहगाई
जवानी कुछ नहीं जाने यार

पेड़ हरा है या ठूठा है धूप लगी या छांव
नील गगन को छू लेने में पड़े न धरती पांव
कौन कहे कब छींका टूटा या टूटी अंगड़ाई
जवानी कुछ नहीं जाने यार

एक तराजू तौल रही है नेकी और गुनाह
मंज़िल की कोई चाह नहीं है अंजानी है राह
आसानी है समय में कितनी है कितनी कठिनाई
जवानी कुछ नहीं जाने यार

सुबह हुई कब दिन निकला कब हुई सिन्दूरी शाम
नींद की गोरी रात सेज पर कर गई कब विश्राम
आँख खुली तो द्वार पे फिसलन ऊंच नीच अंगनाई
जवानी कुछ नहीं जाने यार

गीत

जली झोंपड़ी क़त्ल हुए सब लुट गया हर सामान
कबीरा काहे का अभिमान

चौराहे सब फांसीघर है शहर हुए हैं जेल
अन्धी गलियों के नुक्कड़ पर बम बच्चों का खेल
लाशों के फुटपाथ पे बैठा सुलग रहा तफ़ान
कबीरा काहे का अभिमान

बादल पी गए ताल तलैया नदिया चर गई खेत
ओढ़े धूप लुकाठी पीकर मौसम फांके रेत
हैरत से आईना अपना देख रहा भगवान
कबीरा काहे का अभिमान

उलझ गई मन्दिर मस्जिद की राहों में दानाई
छीके तक बांहें नहीं पहुंची सिमट गई अंगड़ाई
जुल्फ़ न सँवरी रूप न निखरा गिरवी है मुस्कान
कबीरा काहे का अभिमान

जो बीता सो बीत गया यह कहते हैं कुछ लोग
कैसे यह धर्मो को लग गया राजनीति का रोग
हार गई है मानवता क्या जीत गया हैवान
कबीरा काहे का अभिमान

गीत

अमवा प लागेला टिकोरवा,
गोदना गोदाय डारौ गोरिया।

निबिया की लौचा से खेलै बंसवरिया,
कुइयां जगतिया स झाकै ला पकरिया,
पिपरा निहारै, पिछवरवा,
गोदना गोदाय डारौ गोरिया।

बहै पुरवैया कि लहकै जवनिया,
बारी उमरिया बढ़ीवा का पनिया,
सुधिया का उफनै पोखरवा,
गोदना गोदाय डारौ गोरिया।

ठिठकत चाल कुलांचै हिरनिया,
नेहिया अगंनवा मा रितु मस्तनिया,
जोबना का बिहसै दुवरवा,
गोदना गोदाय डारौ गोरिया।

गंउवा की नीक नाही लागैला किरितिया,
घरवा के लोगवै न जनली प्रीतिया,
मारे डारै मन बौरहवा,
गोदना गोदाय डारौ गोरिया।

मथवा की बिन्दिया लजावैली चननिया,
पतरी कमरिया हिलोरै करघनिया,
बिछुआ मा थिरकै मजोरवा,
गोदना गोदाय डारौ गोरिया।

झरि जइ है इमली झुराय जइहै नेबुआ,
टुटही ओरौनी से उड़ि जइहै सुगवा,
गइहो भैया 'बेकल' के कहरवा,
गोदना गोदाय डारौ गोरिया।

सुन्दर देसवा हमार

पूरब, पच्छिम, उत्तर, दक्खिन देख आयन संसार
सब से सुन्दर लागै देसवा हमार, गोरिया

लोह गलावै कुन्दन ढारै यहि की अगिन सुहानी
कन्चन कनक कटोरि के लावै यहि की सुधर ब्यार
देसवा हमार, गोरिया

सत्य अंहिसा ज्ञान है यहि का मानवता है दासी
सासन नीति जगत को बांटे असु यहि के संन्यासी
सुख सम्पति के स्वर्ग की भुइया नमन करत औतार
देसवा हमार, गोरिया

बांट रहे अमृतरस पग-पग गीता अरु गुरवानी
डगर-डगर जीवन बरसावत अमर बोलि कुरआनी
सब धार्मों की ई अंगनाई हर भाषा का द्वार
देसवा हमार, गोरिया

छोड़ सिंघासन बनबासी भय यहि कै पूत दुलरुवा
इक टियरै मुरली अस साथे खेलै बाघ बछरुवा
बुद्धम सरनम गच्छामी कै दुनिया करै गोहार
देसवा हमार, गोरिया

गंगा, यमुना से कृश्ना तक अंग बसी उजियारी
हिमगिर माथे की बिंदिया है पायल रासकुमारी
रुत खंगलाय बांह में यहि की महकै सांझ सकार
देसवा हमार, गोरिया

कहूं न लाज रूप की शोभा कहूं न असु सुघराई
कहूं न अंखियन प्यार की देहियां अचरा की पुरवाई
कहूं न ममता पीरा जोगवै कहूं न लाड़ दुलार
देसवा हमार, गोरिया

कहूं न पाउंवा सजै महावर कहूं न माथ टिकुलिया
कहूं न राधा रसिया गावै बजै न किसन मुरलिया
कहूं न गमकै ढोल-मजीरा रुनझुनि कै झनकार
देसवा हमार, गोरिया

कहूं न असु सावन घन बरसै लौकै नाहि बिजुरिया
लहकै नाही खेत हरेरी झमकै नाहि कजरिया
बहे न आल्हा कै ललकार कहूं बेड़ तरवार
देसवा हमार, गोरिया

गीत

बरसै लूक पवन झकझोरै,
देहियाँ क रंग तपनिया म घोरै,
नीक लागै न संझा न भोरि, चिरैया बोलै हम का करी।

आय बवन्डर चिक्कन करि गय बचपन की अंगनाइया
झरस गई सब रंगरुप से योवन की अमराइया
होय गय पाथर नयनबा का कोर, चिरैया बोलै हम का करी।

हरियाली पगडंडी चरगय झूरि गांव की बहियाँ
घाम के साथे टहरउवा म खो गई नीब की छहियाँ
खुइलै नाही सिवनवा का मोर, चिरैया बोलै हम का करी।

लाय संदेसवा हौले - हौले बदरा का पुरवैया
थौरि दिनन म भुई बहिनी से मिली दुलरुआ भैया
अब न चन्दा का निरखै चकोर, चिरैया बोलै हम का करी।

बूढ़े बिरवैन से सब नान्हे पौधे करैं चिरौरी
बाबा ऐसन करौ जुगुत कि आए बदरिया दौरी
सांस संसरी मा होय गय कठोर, चिरैया बोलै हम का करी।

झैयम झैयम गहबड़ गहबड़ उरि मा बजा रबाना
बाले मियांका लहबड़ उठि गय नभमण्डल गरुवाना
गाउवां अनकै बगीवा मा सोर, चिरैया बोले हम का करी।

टपर टपर जब चुवै छपरवा गोरी अंग छुपावै
तरे ओरौनी के छैला कुछ सपना सजिल सजावै
बरखा तूरै न नेहिया की डोर, चिरैया बोलै हम का करी।

फूली कांस कड़ाकुल धाए गय बरखा की डोली
बैठौनी की गई हरेरी गभरु खेले गोली
लहकै बिरहा पोखरवा का छोर, चिरैया बोलै हम का करी।

लेरुवा दूर बंधा थमिहा मा बमक बुलाबै गैया
ठरै अंगना और दुआरा रतिया सिकुरि गई चरपैया
कौरा तापै बिछौनी बटोर, चिरैया बोलै हम का करी।

फगुनहटी की आय बैरिया टेंसू खिली जवनिया
रितु कै भूरे केस समैया मसल गई तेलपनिया
लाल होय गय सुगउया का ठोर, चिरैया बोलै हम का करी।

सरसौ तीसी की देहरी पर दौरी फिरै नहरिया
लाल परी अस तितली घूमै भंवरा बीच बजरिया।
लहकै अंगना वसारे अजोर , चिरैया बोलै हम का करि ।

चौतहरा खरिहनवा गावै गमकै ढौल मजीरा
खेतवन माथे छपका मा लहकैं मोती हीरा
यक्कै 'बेकल' की सुधिया करोरा, चिरैया बोलै हम का करि।

गीत

जले समुन्दर धुवां उठे और नील-गगन पर छाए
तो अपना गाँव बहुत याद आए।

ऊसर बन्जर हाथ पसारे मांगे एक पियाला,
भूखी धरती मुंह फैलाए चाहे एक नेवाला,
नोच के सारे बाग़ बगीचे पछुआ जब अठिलाए,
तो अपना गाँव बहुत याद आए।

बैरिन लूक छमाछम नाचे बगियन की अंगनाई,
बाँसों के झुरमट में बाजे सिसक सिसक शहनाई,
मेहंदी लगी हथेली में जब गोरी रुप छुपाए,
तो अपना गाँव बहुत याद आए।

दरपन में अल्हड़ जब कोई उलझे केस संवारे,
मचल मचल कर अंगड़ाई ले परछाई से हारे,
अलसाए नयनों में कजरा जब डूब डूब उतराए,
तो अपना गाँव बहुत याद आए।

गमके ढोल मंजीरा छनके, तुरही दुन्द मचाए
हुमुक हुमुक चौपाल की चौकी गमरु आल्हा गाए,
बाज़ ने झपटा जब गौरैया मात शिकारी खाए,
तो अपना गाँव बहुत याद आए।

छत पर बैठी धूप छेहियाँ तो कुठरी में उकताहट,
खटिया पर बौराई जवानी ले करवट पर करवट,
काली आँधी जब विधवा का छप्पर ले उड़ जाए,
तो अपना गाँव बहुत याद आए।

पी पी रटे पपीहा कोयल कूकू आम की डारी,
इक जोगी को हाथ दिखाए पनघट बैइठ कुंवारी,
जागते सपने में परदेसी आकर ब्याह रचाए,
तो अपना गाँव बहुत याद आए।

पहन लंगोटा राम अखाड़े सब नटुये डंड पेलैं,
सांसें भर भर बानी पढ़ पढ़ लोग कबड्डी खेलैं,
हियां न हुवां बांस पर धुंवा
कइन पर लवर चलै बकडवर
इजल बान बखाना है
घर सोने क तम्बू ताना है
वैहि डीहवा पर दुद्धी धान
खाय मुसरी मटकावै कान
कान का झुमका, माथ का टीका घूंघट में मुस्काए,
तो अपना गाँव बहुत याद आए।

पीपल की फुनगी पर चिलिहा टिहुकै साँझ सकारे
सन्नाटों ने शोर शराबा रख दिया धरम के द्वारे
साँई की दरगाह पे 'बेकल' बिछुड़ा जब मिल जाए
तो अपना गाँव बहुत याद आए।

गीत

बन्द खुल-खुल गए है बहार के,
आ गए दिन जवानी में प्यार के।

सोना गेहूं के खेतों में बोती हुई,
मोती बरगद के लट में पिरोती हुई,
धरती को चूमचूम नाचै पुरवाई,
लीपै कुंवारी अपनी कोरी अंगनाई,

छत से सूरज की किरने उतार के,
आ गए दिन जवानी में प्यार के।

आम के बौर रस में नहाने लगे,
गीत चैता का खलिहान गाने लगे,
बगिया में धूप छैहियां लेती अंगड़ाई,
कुंइया की नापै उबहन गहराई,

रुप पनघट के सौल्हौ सिंगार के,
आ गए दिन जवानी में प्यार के।

शायरी के नगर लोग आने लगे,
मीरो-तुलसी से रिश्ते बढ़ाने लगे,
चुने चुने शे'र सुनो छन्द-ओ-रुबाई,
अपनी किताब लिए ग़ज़लें पराई,

तर्ज़ फ़िल्मीं है लहजे उधार के,
आ गए दिन जवानी में प्यार के।

सुबह की गोद में दिन बिखरने लगा,
फसल के ज़ेवरों से निखरने लगा
चम्पा कटेहरी अरधान फुलवारी,
सखियां अदाव बीनै चली महुवारी,
पियु को लाया पपीहा पुकार के,
आ गए दिन जवानी में प्यार के।

इक नवेली मिलन की ललक में पड़ी,
अनछुई लाज मारी कसक में पड़ी,
सखियों ने बात कई बार समझाई,
लागे जिनगानी जैसे हुई है पराई,
ताना मारे है कुर्बो-जवार के,
आ गए दिन जवानी में प्यार के।

रितु के अलबेलेपन में ये क्या हो गया,
जाके परदेस में वह ख़फ़ा हो गया,
कब्बो नाही की गुलरी फुलाई,
कब्बो नाही पाती निर्मोहिया की आई,
क्या करे कोई रस्ता निहार के,
आ गए दिन जवानी में प्यार के।

बेटी

मेरी जान से प्यारे बाबुल मैं हूं तेरी बेटी रे
एक पेड़ पर पली बढ़ी हूं, दूजे पेड़ की पंक्षी रे
मै हूं तेरी बेटी रे ।

मेरे आंसू कितने खारे आप ही बाबुल जाने
मीठे उजियारे ससुराल में आंसू भी मुस्काने
कहीं हूं दुख की फ़सल मैं ही,
कहीं हूं सुख की खेती रे
मै हूं तेरी बेटी रे ।

मै अपनी ससुराल में सब कुछ मैके से ले आई
सूनी हुई कोख तो जग को एक आंख न भाई
खुदग़र्जी में मस्त हैं रिश्ते,
दुनिया बड़ी हठीली रे
मैं हूं तेरी बेटी रे ।

मानवता से प्यार मिले तो दुखड़ो से क्या नाता,
सुख सम्पत से स्वर्ग है वह घर जिस में बसे बिधाता
मेरे गहने लाज ग्रहस्ती,
मेरी सास सहेली रे ।
मै हूं तेरी बेटी रे।

माँ

हम गूंगों को भाषा सौंपी शब्दो का वरदान दिया
आंख को दे दी ज्योति अनूठी रूप रंग का ज्ञान दिया।

खुद भूखी प्यासी रह कर भी भूख मिटाती प्यास बुझाती
नस नस में लोहू दौड़ाया जीवन का विज्ञान दिया।

जब जब भटके हम रस्ते में सीधी सुथरी राह दिखाई
जीवन भर दुख झेल के जिस ने हमको सुख सम्मान दिया।

हम जंगल-वासी पशुओं को मानव की तस्वीर बना दी
मर जाने के बाद भी तूने जीवन का निरमान दिया

गीत

गोरी खिल गई तेरी जवानी, जवानी महक जाएगी।
तेरी चोली पे ठप्पा निशानी, निशानी लहक जाएगी।

जैसे फूल पे भंवरा बैठा तेरी गाल पे तिल
सुन्दर रूप पे पागल जैसे हो दिवाना दिल
जैसे मदिरा की चुस्की सियानी, सियानी दलक जाएगी

जैसे भटका हुआ सा राही पा जाए मंज़िल
जैसे डूबती नाव के आगे आ जाए साहिल
जैसे लहरों की चाहत पुरानी, पुरानी बहक जाएगी

तेरे नयना चूम रहा है लहका हुआ काजल
तेरे होंट पे वारी जाए जैसे लाल कमल
तेरे जोबन की ओढ़नी सुहानी, सुहानी ढलक जाएगी।

गीत

ठरैं घर वा तौ ठिठुरै अंगनवा
नयनवा से दूर सजना।
संझवाती तुलसी से पूछै
बोल मय्या कौने करनवा
नयनवा से दूर सजना।
टटिहर घर मोरा टाट का छावन
टुटही खटीवा बिना वरदावन
भुंइयां कथरी बनावै ललनवा
नयनवा से दूर सजना।
पुरबी बनिजिया की सूझी नौकरिया
जैसे बिसर गवा अपनी अटरिया
हूंसै मनुआ का संझवा बिहनवा
नयनवा से दूर सजना।
वहि पार सगरा के है मेरी भगिया
चुल्हवा से बिगुड़ी सनेहिया की अगिया
जैसे पनिया से रूठल पिसनवा
नयनवा से दूर सजना।
संझइन से चाहै लिरुआ का गय्या
निबिया प चिरई बसल 'बेकल' भय्या
आधी रतिया मा छेड़ै कंगनवा
नयनवा से दूर सजना।

कहैरवा गीत

तुम का देखते सांवरि गोरिया
दिल दिवाना होय गवा

बलि बलि जात गगन रहवैया, धरती लेत बलैयाँ,
सावन भादौं केस संवारै, फागुन चूमै पैयां,
जैसे लागै ऋतु बहुरिया
जग सुहाना होय गवा

अंग अंग मे थिरकै सूरज, पोरि पोरि चाननिया
पग-पग चाल हिलोरै ठुमका गति साधै करधनिया
भय कमानी असु कमरिया
तन स्याना होय गवा

होंट खुलै तौ बोलै पपीहा अमृत रस बरसावै
माथे बिन्दिया जोति की झलझल नयनन भाग्य बनावै,
भोले बाबा के संधरिया
कुल जमाना होय गवा

उथल पथल जीवन कर दे यक तुम्हरी अगड़ाई,
अंचरा जो तुम्हरा लहराए ,कहत फिरै पुरवाई
छूछी नेहा की गगरिया
मन विराना होय गवा

जेहि पर तुम्हारी नजर परै ऊ महकै जेस फुलवारी
जेहि से तुम रूठो फिर वहि के उजड़ जाय घरवारी
'बेकल' भय्या बिन अजोरिया
सुख बहाना होय गवा

गीत

तेरी जुल्फ़ों की ज़ंजीर
मीर जी जिस के हुए असीर
संभल कर चलना गोरी, ज़माना ठीक नहीं है।

तेरे रूप से ग़ज़ल संवरती, होटों से संगीत
तेरे अंग अंग से छलके, मैख़ाने की रीत
नयन के तेरे तीखे तीर,
हैं दिल के ज़ख़्मों की अकसीर
संभल कर चलना गोरी, ज़माना ठीक नहीं है।

तुझे देखकर ईद मने और जगमग हो दीवाली
तेरे आंचल से लहराए सावन की हरियाली
चाल में डूब फाग कबीर,
गाल से उड़े गुलाल अबीर
संभल कर चलना गोरी, ज़माना ठीक नहीं है।

यमुना तट पर देख के तुझ को लहरो मन ललचाया
ये मरमर का ताजमहल है तेरे रूप की छाया
अछूते ख़ाबों की ताबीर,
कि तुझ पर लिखते लेख नज़ीर
संभल कर चलना गोरी, ज़माना ठीक नहीं है।

दोहे

दोहे

'बेकल' जी दोहे लिखो, गीत ग़ज़ल के नाम
अभी समय है काम का, फिर करना विश्राम

आईना दोहा मिरा, रखियो इसे बचाय
झूठा चेहरा देखकर, कहीं टूट ना जाय

दोहा लिखने मैं चला, लिख गया सरसी छन्द
उर्दू अदब के गाँव, में रुतबा हुआ बुलन्द

झेंपे-झेंपे नयन की, शोख़-शोख़ मुस्कान
चुगताई की सोच में, ग़ालिब का दीवान

निश्तर चाहे फूल से, बर्फ़ से माँगे खून
धूप खिलाए चाँद को, अन्धे का कानून

नदियाँ बहें हवाओं में, पानी थूके धूल
शोले उपजें फूल से, आग उगाए फूल

अमृतरस की बीन पर, मौत के नग़मे गाओ
मरहम से मुस्कान के ज़ख़्मों को उक्साओ

केश हैं जैसे नागिनें, मरमर जैसा रूप
यह बादल हैं जेठ के, वह सावन की धूप

उँच नीच कुछ भी नहीं, जाति-पाति बेकार
सब बंदे एक फूल के, वही है पालनहार

ये दुनिया इक घर सही, एक ही सब संतान
रब्बा एसा क्यों हुआ, निर्बल और बलवान

रब्बा ये ही तू बता, ये कैसा इंसाफ़
र्निध्नता नंगी फिरे, धन पर चढ़ा गिलाफ

कहा किसी यह संत ने, खुद से करिये जंग
फिर जीवन निर्वान है, जोखिम तोप तुफ़ंग

अन्दर गुंगा हैं मियां, बाहर आंख न कान
जो भी इस को चीन्ह ले वही बड़ा विद्वान

कहां गये वह लोग सब, जो थे धरम के सूत
जात पात पूछे नहीं, रिश्ते थे मज़बूत

भोर भये पूजा किये, सांझे लिया कटार
रात भई मदिरा पिया, कपड़े दिये उतार

पैग़म्बर का कौल है, जगत है एक परिवार
प्यार पड़ोसी से करो, सुखी रहे संसार

पवन पुत्र जग चल पड़े, श्रीराम के साथ
दोनों का एक रूप है, एक ही पाँव और हाथ

दुनिया को अब तक नहीं, भक्ति भक्त का ज्ञान
जानना है तो देख ले, राम भक्त हनुमान

धर्म-कर्म मत देखिये, ये है पड़ोसी यार
तुम सम्मान इसका करो, ये भी करेगा प्यार

मुँह पर परसंसा करे, मन में रखे कटार
ऐसे मित्र से, साथियों सदा रहो होशियार

निखरा निखरा ही रहे दोहों का अरमान
फ़िक्र-व-फ़न की शायरी, होती रहे जवान

साक़ी तेरे हाथ पर, जब से हुआ मुरीद
दीवाली हर शाम है, हर सुब़ह है ईंद

सच्चा वह मयख़ार है पीकर जो लहराय
मन्दिर मस्जिद घूम कर, मयखाने में जाय

गहराई में इश्क की, हो ना सकी पहचान
एक ही जैसे दिख रहे, राम और हनुमान

दगे–पाटाखे अनगिनत, गोले दगे अथाह
काग़ज़ का पुतला जला, हो गया सारा दाह

अंदर गूंगा है मियाँ,बाहर आँख न कान
ज्ञान ध्यान बेसुध भए, बूझे तो विज्ञान

हर घर की दहलीज़ पर, बैठी हुई है चाय
छत के सूखे होंठ से, सबको होंठ चबाय

चाय न जिस घर में मिलें, वो अनपढ़ अज्ञान
कुटिया से महलों तलक, है इसका अभियान

चिकनी चौड़ी बन गईं, सड़कें मेरे हूज़ूर
ऐक्सीडेंट, निहारते, हर चेहरे का नूर

न्याय पालिका खुश रहे, बरसों जिये वकील
फ़ाइल बूढी हो गयी, जर्जर हुई अपील

दीवाना हँसने लगा, रोया जब हुशियार
अज्ञानी सब स्वस्थ्य हैं, ज्ञानी सब बीमार

खुशहाली का जब तलक, चढ़ता रहा बुखार
हाल पूछने आ गये, सारे रिशतेदार

दौलत हो जब हाथ में, दुनिया रहे मुरीद
संसद से पदवी तलक, सब कुछ लेव खरीद

हाथ मिले हैं ठाठ से, सामने हैं काश्मीर
तिनके क्या का भाव है, आँखों में है शहतीर

पश्चिम की पोशाक में, सब हें एक समान
लड़का लड़की एक से, लगते बिन पहचान

क्या अपने करतूत है, क्या अपने आमाल
भूल गया विज्ञान सब, आया जब भूचाल

कतरे सब सागर हुए, बाले हुए सयान
सिर पर खड़ा चुनाव है, धन बाँटे शैतान

पढ़ा लिखा अब कौन है, कौन अँगूठा टेक
भ्रष्टाचार के शहर में, किस को कहिए नेक

राजनीति की कोख से, रिश्वत जन्मे रोज़
बेईमान जाने नहीं, क्या है राज और सोज़

रस्म रीति में धर्म की, होती बड़ी तमीज़
जज़्बाती किरदार में, धन दौलत क्या चीज़

आबादी इतनी बढी, धरती हो गई तंग
सड़कों पर सोने लगी, दुनिया खाकर भंग

दुबई कतर की ओर सब, भाग रहे हैं गाँव
रोजी रोटी के लिए, सुलग रही हैं छाँव

फिल्मी मीडिया के तले, उगल रही संतान
पिता पुत्र के रूप की, कौन करे पहचान

योग चिकित्सा हो गये, अब अपने व्यवसाय
जीवन के हर ढंग से, करता मन उपाय

निधरा सुधरा साफ़ जल, जीवन का शृंगार
पावन अग्नि पानी धरा, कुदरत का उपहार

चेहरे का मेक-अप हुआ, बढ गया फ़र्ज़ी ओज
बुधवा तेली देखिये, हो गया राज भोज

कुटियाओं को तोड़कर, महल बनाये लाख
सपने सब झूठे हुए, रूठे दोनों पाख

अपने पेशे में हुए, डाकू चोर स्वतंत्र
अरे गौसइंसा क्या हुआ, भारत का जन-तंत्र

‘बेकल’ जी किस सोच में, बैठे हो मन मार
काग़ज़ की इक ओट है, ज़िन्दां की दीवार

मुस्कानों की धूप में, अश्कों की बरसात
सन्नाटों की छाँव में, यादों की बारात

लहरें सब ‘बेकल’ हुई सिसक रही है रेत
तट की बाँह में खो गया, माँझी नाव समेत

उजबक भँवर को चीरता, तैर गया बेबाक
माथा तट का चूम कर, डूब गया तैराक

‘बेकल’ धन-बल-स्वास्थ पर, काहे करो गुमान
माटी इन्हें पछाड़ कर, पल में करे उतान

क्या होठों मुस्कान है, क्या नयनों के बान
साथ जवानी ले गई, सब मस्ती की शान

‘बेकल’ तू भी किस लिए, खड़ा कचहरी बीच
नाम तिरा छप जाएगा, किसी की पगड़ी खींच

जोगी एक बैठा हुआ, गाए जमुना-तीर
तू भी जेल में जाएगा, बनना नहीं वज़ीर

जगत मोहर्रम बऩ गया, लुट गया सुख और चैन
आदर होत यज़ीद का, मारे जात हुसैन

देश जगत में अमन हो, यही है अपना धेह
नर की सेवा से मिले, नारायन की नेह

जिज्ञासा हो तीव्र तो, गुरु चरनन में जाओ
ब्रह्मज्ञान मिल जायेगा, तन मन हो सदभाव

ज्ञान कर्म इक साथ हो, सुमिरन और सत्संग
इस से दूर जो हो गया, हुई साधना भंग

कहा किसी एक सन्त ने, खुद से करिये जंग
फिर जीवन निरवान है जोखिम तोप तुफंग

ये भी कहा फक़ीर ने, सब कुछ रब का नूर
ऐ बन्दे तू किस लिऐ, किस पर है मग़रूर

रब्बा ये तू ही बता, यह कैसा इन्साफ़
निर्धनता नंगी फिरै, धन पर चढ़ा ग़िलाफ़

नीच ऊंच कुछ भी नहीं, जात-पात बेकार
सब बन्दे एक नूर के, वही है पालनहान

मन आगम धनवान है, नयनन द्वार ग़रीब
इसके बीच जो रह सके, उसके बड़े नसीब

अच्छे लगते जिस्म पर, खुद के बुने लिबास
रूह को ढंकने के लिए, फूली नहीं कपास

मेरा देखना बूँद है, सागर तेरा रूप
किरन-किरन पूजा मेरी, मूरत तेरी धूप

जी भरके देखे तुझे, इतनी कहाँ मजाल
फिर भी यदि मचले कोई, तू ही उसे सँभाल

चेहरे तपते गाँव हैं, केश झुलसते खेत
राजनीति मौसम चतुर, जीवन गीली रेत

यादों के गुलमर्ग में, पवन चले झकझोर
हाऊस-बोट की बर्फ़ में, दब गई डल की कोर

नगर ठिठुरती साँझ है, गाँव सुलगती भोर
एक हथेली चैन की, इक अँगुली को पोर

विरहिन जागे रात भर, अँजुरी भरे अजोर
आग लगी हर अंग में, धुआँ उठे चहुँ ओर

भोले-भाले रूप में, मिलते हैं चित चोर
इन से दया न माँगिये, यह हैं बड़े कठोर

यह दासी उस यार की, जिस का इस पर ज़ोर
खेती सब के नाम है, क़ब्ज़ा मोर न तोर

जब तेरे बस में नहीं, तेरे दिन और रात
फिर किस पर अकड़ा फिरे, क्या तेरी औक़ात

तख़्ती तेरे नाम की, लगी हुई है आज
कल तख़्ता बन जाएगा, तख़्त तिरा महाराज

तू 'बेकल' निर्दोष है, फँसा हवाला बीच
तू भी अपने स्वार्थ में, भ्रष्टाचार को सींच

काँटों बीच तो देखिये, खिलता हुआ गुलाब
पहरा दुःख का है लगा, सुख पर बिना हिसाब

पैसे की बौछार में, लोग रहे हमदर्द
बीत गई बरसात जब, मौसम आया सर्द

उमर बढ़ी तो घट गए, सपनों के दिन-रात
अक्क़िल बगिया फल गई, सूख गए जज़्बात

ट्रेन चली तो चल पड़े, खेतों के सब झाड़
भाग रहे हैं साथ ही, जंगल और पहाड़

बिना टिकट एक कोच में, बैठे जन्टिलमैन
यात्रियों पर रौब से फेंकें, ऐन औ ग़ैन

चुलिया तन गई धूप की, अँगड़ाई की छाँह
नील गगन छूने चली, अल्हड़पन की बाँह

तकिया बगल में दाब कर, करवट कभी उतान
बुद्धिमान पुरखे कहें, हो गई ग़ज़ल सयान

शहर के उँचे पेड़ से, जब भी हुआ नगीच
मैं पौधा था गाँव का, हो गया और भी नीच

जिसने मधु की प्यालियाँ, छज्जे पर धर दीन
वह माखी इन्सान से, कितनी बड़ी ज़हीन

मधुमक्खी ने द्वार पर, छत्ता लिया लगाय
अब लड़की स्कूल को, किस रस्ते से जाय

इस झूठे संसार में, कौन है सच्चा, जान
उसके पाँव जो छू सके, गगन मिले स्थान

नियमित पर नेअमत गिरे, अननियमित पर गाज
इक सुघराई आत्म की, दूजा बदन की खाज

भाषा विद्या बाग़ है, चुन ले एक-एक फूल
उलझ सके ना एक भी, तिरे हाथ से शूल

तेज़ चले तो माथ पर, चढ़े पाँव की धूल
मंज़िल पाने के लिए, मध्यम चाल न भूल

'बेकल' जी घर बैठकर, करो जहाँ की सैर
हर बच्चा अख़बार है, माँगो रब की ख़ैर

बच्चा बिलखे दूध बिन, तड़पे माँ की लाश
ज़ख़्मी बाप पहाड़, पर जीवन करे तलाश

बोया आम ग़रीब ने, उगने लगे बबूल
जाने इस तक़दीर को, मौसम वार असूल

जमी मशीनें गाँव में, लहकन लगे सुहाग
जाने कैसी थी हवा, उड़ गया प्यार का काग

धरम करम मत देखिए, है ये पड़ोसी यार
इस को अपना मान लो, रब का मिले दुलार

क़दम-क़दम पर पा गए, दौलत और वक़ार
पा न सके पर आज तक, मेआरी किरदार

आँधी ओ भूचाल से, उथल-पुथल संसार
मंदिर-मस्जिद ढह गए, रह गया मानव-प्यार

सोने के भण्डार हैं, 'बसतर' के चहूँ ओर
आदिवासी भूखे मरैं, जिएँ सिपाही चोर

कहाँ सुरक्षित हम रहे, कहाँ रहा घर-बार
चारों ओर से सह रहे, अफ़वाहों का वार

हम चम्बल में ठीक हैं, क्या संसद में जाएँ
यहाँ पे हम आज़ाद हैं, वहाँ पाँव बँध जाएँ

भेद भाव जाने नहीं, इक दरिया का घाट
चाहे राज का तख़्त हो, या निर्धन की खाट

रूप नगर की छोहरी, जिस की बने पतोह
'बेकल' उस खुश फ़हम की, ग़ारत शान शिकोह

दुलहिन क़िस्मतगंज की, होती है रंगीन
दुलहा बाद विवाह के, भए कौड़ी का तीन

पाला बड़े दुलार से, जब सौतेला पूत
काहे फिर पछताय तू, देख उस की करतूत

सौतेली ने तज दिए, तुझ पर सुख और चैन
तूने मदिरा संग में, काटी सारी रैन

बेटी आँगन प्यार की, बेटा शोभा द्वार
दोनों नयनन ज्योति हैं, स्वर्ग हुआ घर-बार

बेटी ऐसी चाह है, चाह बिना सब सून
उस से आँसू जब बहैं, आत्म से छलके ख़ून

कागा आए मुँडेर पर, भेजे क्या सन्देश
भइया के संग इस बरस, भाभी गई विदेश

महुआ के कूँचा लगे, आम गए बौराय
ऐसे में 'बेकल' जिया, किस से नेह लगाय

फूल खिले कचनार के, रितु मनुआ, मस्तान
जूही छप्पर पर चढ़ी, गुड़िया हुई सयान

सूरज गाए भैरवी, सागर के उस पार
अँगनाई की नीम पर, थिरक रही भिन्सार

शीशम की फुनगी चढ़ी, भोर हवा के संग
गेहूँ अरहर काट कर, करे मसूर से जंग

सूरज शाम की नाव से, उतर गया उस पार
अम्बर ओढ़ के सो गया, धरती पर संसार

नीली चादर तान कर, सो गई सेज पे रात
खुले किवाड़ पर जलबुझे, दीप नयन के साथ

शोर शराबा शहर का, सुनकर सहमे गाँव
खूनख़राबे की नदी, बहती ठावैं ठाँव

बेटे! तुमने शे'र में, भरा तरन्नुम खूब
लहके महके जिस तरह, रुत बरखा की दूब

सहल सहज अल्फ़ाज़ में, साजो ग़ज़ल हसीन
रहे रिवायत का सिरा, पकड़ो नई ज़मीन

चौपाई को छोड़ कर, ले आया मैं छन्द
गाँव ने मेरा कर दिया, हुक्क़ा पानी बन्द

कुहसारों के बीच में, छलक रहे हैं ताल
तहज़ीबी विरसा लिए, लहक रहा 'भोपाल'

वन उपवन महकन लगे, लहके अमिया बौर
मेरा मन बौरा उठा, देखा जब इन्दौर

हिना शमामा-सी लगे, लखनऊवा बूबास
खुशबू से गर प्यार है, तो चलिए नख़्ख़ास

धन के रोशनदान से, झाँकें अस्ल औ सूद
शहरों में आकर बिकैं, गाँवों के अमरूद

पानी बरसा झूम के, खिली चुटीली धूप
बीमारी के हाथ सब, बिक गए स्वास्थ के रूप

आबादी इतनी बढ़ी, धरती हो रही तंग
सड़कों पर सोने लगी, दुनिया खाकर भंग

मन के भीतर से करो, पूजा और नमाज़
वह धन भी मिल जाएगा, जो अब तक है राज़

दुबई, कतर की ओर सब, भाग रहे हैं गाँव
रोज़ी रोटी के लिए, सुलग रही है छाँव

फिल्म मीडिया के तले, बिगड़ रही सन्तान
पिता पूत के रूप में, कौन करे पहचान

योग, चिकित्सा हो गए अब अपना व्यवसाय
जीवन का हर ढंग से, करता मरन उपाय

खाना मिले या ना मिले, चाय के सभी गुलाम
रामदेव के नाम पर, पीना जिसे हराम

बीड़ी, सिगरेट पीजिए, हो जाएगा रोग
हरदय को बलथक करे, तम्बाकू का भोग

निथरा सुथरा साफ जल, जीवन का श्रृंगार
पवन, अग्नि, माटी, ख़ला कुदरत का उपहार

पश्चिम की पोशाक में, सब हैं एक समान
लड़का, लड़की एक से, लगते बिन पहचान

गाँव सड़क पर आ बसे, ढाबे दिए निखार
चाय, टरक बस पी रहे, छलक रही है कार

चौड़ी चिकनी बन गईं, सड़कें मिरे हुजूर
एक्सीडेन्ट निहारते, हर चेहरे का नूर

बड़ी व्यवस्था से हुआ, सड़कों का निरमान
गड्ढे पग-पग हो गए, औन्ध गया ईमान

अपनी मेहनत बेचकर, भूखा रहे समाज
सरकारी गोदाम में, सड़ता रहे अनाज

क्या अपने करतूत हैं, क्या अपने आमाल
भूल गया विज्ञान सब, आया जब भूचाल

न्याय पालिका खुश रहे, बरसों जिएँ वकील
नालिश के ताबूत में, ठुक गई जैसे कील

क़तरे सब सागर हुए, नाले हुए सयान
सिर पर खड़ा चुनाव है, धन बाँटें शैतान

पढ़ा लिखा अब कौन है, कौन अँगूठाटेक
भ्रष्टाचार के गाँव में, किस को कहिए नेक

हम भले तो जग भला, बुरा नहीं है कोई
शक की सेज न साजिए, मौत संग जब सोई

अपना जब अपना नहीं, ग़ैर से क्या उम्मीद
सूना-सूना सब लगे, होली हो या ईद

बच्चे सब मासूम हैं, इनका धरम न जाति
हँसे तो बगिया खिल पड़ै, रोएँ तो झरि पात

तुम जो मिले तो चाह का, हुआ यक़ीं मज़बूत
तुम बिछुड़े तो वक्त का, कटे न इक-इक सूत

तेरी मर्ज़ी के बिना कैसा कोई वजूद
तू रूठे तो रूह की, सुलग उठे बारूद

आँगन गीला हो गया, पानी गिरा न बूँद
यह अचरज देखें सभी, अपनी आँखें मूँद

जब से हम ने तज दिया, अपने देश से प्यार
पाँव छोड़ धरती गई, सिर पर चढ़ा गुबार

दीवाना हँसने लगा, रोया जब हुशियार
मतलब इस का क्या हुआ, ज्ञान गया बेकार

जब से हमने ओढ़ ली, ग़ैरों की तहज़ीब
चौसा सब कड़वे लगे, मीठी हो गई नीब

जिस मिट्टी से हम बने, वह मिट्टी अनमोल
माटी यही दबाएगी, बड़े बोल ना बोल

चेहरे का मेकअप हुआ, बढ़ गई फ़र्ज़ी ओज
गंगू तेली धूम से, हो गया राजा भोज

राजनीजि की कोख से, रिश्वत जनमे रोज़
भ्रष्टाचार को क्या पता, क्या है साज़ और सोज़

खड़े किनारे मेज़ के, खाए चार क़बाब
बिन घुटने के लोग हैं, इनका कौन जवाब

साधू देखे ग़ौर से, एक कन्या का हाथ
रेखाओं में है लिखा, मेरा तेरा साथ

चौकन्ना-सा भागता, है मन में कुछ खोट
भ्रष्टाचार की कार में, कब होगा विस्फोट

लारी मेरे दोस्त की, रात न जाने भोर
उचक-उचक कर चल रही, रस्ता बड़ा कठोर

कुटियाओं को तोड़कर, महल बनाए लाख
सपने सब झूठे हुए, रूठे दोनों पाख

खुशहाली का जब तलक, चढ़ता रहा बुख़ार
आए अयादत के लिए, काफ़ी रिश्तेदार

जिस दिन कुरते की हुई, ख़ाली-ख़ाली जेब
उस दिन अपना अंग तक, लगने लगा फ़रेब

खाने पीने के लिए, यही ढंग है ठीक
झन्डा बाँधो जीप पर, घर-घर माँगो भीक

रस्म रीत में धर्म की, होती बड़ी तमीज़
जज़्बाती किरदार में, धन दौलत क्या चीज़

अन्दर गूँगा है मियाँ, बाहर आँख न कान
ज़ालिम और मज़लूम की, रखता है पहचान

चलो अदालत ने किया, मेरे हक़ में न्याय
क़ातिल मेरे क़त्ल पर, हाथ मले पछताय

अपने पेशे में हुए, डाकू चोर स्वतंत्र
अरे गोसंइयाँ क्या हुआ, भारत का जनतंत्र

दाग़दार नेता सभी, चपरासी बेदाग़
बिन बाती औ तेल के, कैसे जलें चराग़

संसद बेंच पे बैठके, करते हँसी मज़ाक़
ख़र्चा हुआ चुनाव में, कर दिया सब बेबाक़

दौलत हो गर हाथ में, दुनिया रहे मुरीद
संसद से हर पद तलक, सब कुछ लेव ख़रीद

आधी सदी के बाद भी, कट ना सका कलेस
बड़मनइन के हाथ में, सदा रहा है देस

अब अच्छे सच्चे लगें, जग में झूठ फ़रेब
जैसे लगें बबूल में, खट्टे मीठे सेब

आँख मिचौनी खेलते, सब बिजुली के रॉड
गाँव की छोरी शहर में, आकर हो गई मॉड

रहा जवाँ जो हौसला, हर पल रहा बुलन्द
बूढ़ा हुआ तो खून में, नमक रहा ना क़न्द

चिररी गिरी अकास से, धरती पड़ी दराड़
इश्क़ के आगे कुछ नहीं, खाई और पहाड़

मदिरा हम उस वक्त तक, नहीं पिएँगे यार
मधुशाले की जब तलक, करे न साज सिंगार

अलग अलग जब से हुई, हर मयख़ार की सोच
मैख़ाने में जो घुसा, लिया उसी ने नोंच

हाथ मिले हैं ठाठ से, सामने है कश्मीर
तिनकों का क्या भाव है, आँखों में शहतीर

'बेकल' जी अब घर चलो, छोड़ो शहर का प्यार
खुदग़र्ज़ी के लोभ में, डूबा सब संसार

जन्म लिया जिस भूमि पर, उस को कर परनाम
इक खुशबू में हैं बसे, कृष्ण और बलराम

माटी मेरे गाँव की, इतनी हुई बुलन्द
जिस की सारे विश्व में, फैली हुई सुगन्ध

'उत्साही' के द्वार पर, बरस रहा है हर्ष
ईद-मिलन के साथ ही, आया नूतन वर्ष

सचाई की ईंट पर, वहदत का मीनार
काबए-दिल आकर झुका, गुरु नानक के द्वार

इस माहे-रमज़ान में, भारत का किरदार
करते रोज़ेदार सब, मन्दिर में इफ़्तार

दोहे, गीत ने कर दिया, 'बेकल' को बदनाम
हक़ में एक गँवार के यही बड़ा इनआम

आज़ादी

आधी सदी मे देश की, हुई तरक्की खूब
मरमर की दीवार पर, उगने लग गई दूब

आज़ादी के ठाठ से, बीते साल पचास
नई नस्ल फिर किसलिए, खाती है सलफ़ास

पाँच दहाई जा चुकीं, चारों तरफ़ है शोर
मँहगाई, रिश्वत बढ़ी, नीति हुई कमज़ोर

आज़ादी के चाँद से, रोशन सुबहो-शाम
अँधियारे की चाह में, फिर भी रहे गुलाम

मैख़ाना अपना हुआ, हो गए अपने जाम
जो साक़ी के ख़ास थे, भर भर लिए डराम

नेता और नीति

नेता को जब नीति से, दिखे ढेर सी आय
जनता के विश्वास की, राम ही लाज बचाय

नेता 'नीयत' नीति पर, निर्भर है जनतन्त्र
यह तीनों फलदार हों, निष्फल हर षड़यन्त्र

नीयत ही पर है खड़ा, दुर्ग विकासाबाद
नीयत में जो खोट हो, डगमग हर बुनियाद

नीयत भली तो सब भले, नेता, नीति; विधान
नीति अगर निःस्वार्थ हो, स्वर्ग है हिन्दुस्तान

आपस के मतभेद से, नेता हुए कुराह
कुटिया से बिल्डिंग हुई, नीयत हुई तबाह

कुर्सी

कुर्सी जिस का नाम है, उस का अजब चरित्र
जिस को गले लगाए है, उस की नहीं है मित्र

इस से सच्चा इश्क़ हो, हर पहलू है ठाठ
ख़ुद्ग़र्ज़ी लिपटी जहाँ, कुर्सी लेगी काट

बिन लालच इससे अगर, जोड़ी तूने गाँठ
साथ निभाए उम्र भर, वरना ये है काठ

दहशतवाद

दहशतवाद की धूप से, आ जा प्यार की छाँव
मानवता और अमन है, सल्लल्लह के पाँव

क़त्ल, खून, चोरी, गुनह, हो जिसका यह काम
उस के नाते देश का, जीना हुआ हराम

चेला दहशतगर्द है, गुरू नगर कोतवाल
नए शेयर बाज़ार में, इतनी बड़ी उछाल

बेटा नामी चोर है, बाप है पहरेदार
लोग कहें महफ़ूज़ है, सर्राफ़ा बाज़ार

दहशत गर्दी हर क़दम, है बच्चों का खेल
बढ़ी सुरक्षा इस क़दर, संसद हो गई जेल

राकिट बम से मार कर, घूमें बने सिपाह
मजलूमों की आह से, होंगे कभी तबाह

ज़िद पर हैं दोनों अड़े, हो न कहीं टकराव
होंगे क़त्ल ग़रीब सब, बिन गिनती बिन भाव

मन्दिर मस्जिद के लिए, हो रहा देश तबाह
मानवता के ख़ून की, प्यासी धर्म की राह

नगर उजाड़ कर खा रहे, झटका और शराब
इन पर आख़िर है यही, सब से बड़ा अज़ाब

धमकाए हर एक को, बैइठ समुन्दर पार
बेच रहा है ठाठ से, ज़हरीले हथियार

चौधरिया ने जब किया, हमले का ऐलान
उठ कर इक लादेन ने, तोड़ दिया अरमान

दुनिया में सब से बड़ा, वही है दहशतगर्द
पड़ा तमाचा गाल पर, हो गया चेहरा ज़र्द

ताकत पर वह मग़रुर है, दुनिया है मरऊब
डाँटे चोर सिपाह को, यह मज़ाक है ख़ूब

देशों को टुकड़े करे, और बसाए चाँद
इक दिन दहशत गर्द का, सब कुछ होगा माँद

गंगाजी के नाम

कठवत में गंगा बहे, चंगा रहे ज़मीर
पंडित को रविदास ने, दिए सोन ज़ंजीर

गंगा तेरे घाट की, महिमा अमर महान
भ्रष्टाचार का मैल तक, धोए हिन्दुस्तान

गंगा तेरे छोर पर, हरे-भरे वन बाग़
तेरे सुथरै अंग पर, लगे न कोई दाग़

तेरे होते देश के, मुख पर रहे खरोंच
राजनीति पापिन हुई, गंगे तू भी सोच

तेरे जल से है लगी, दुनिया भर की आस
भेदभाव कुछ भी नहीं, सब की बुझती प्यास

मुस्लिम को भी चाहती, हिन्दू से भी प्यार
गंगा के जल-दूध की, ममता अपरम्पार

गंगा तेरी लहर में, शिवशंकर के बोल
दानव सब, मानव बनें, वही सुधारस घोल

तेरे तट पर है बसी, शिवनगरी अलमस्त
शहनाई की कूक पर, जहाँ है नफ़रत पस्त

तेरी बाँह में पल रहा, वैदिक बोध का ज्ञान
बिन तेरे दर्शन किए, हुआ नहीं विद्वान

तेरे जल में डूब कर, पाप हो गया साफ़
देह तो सुथरी ही हुई, मन से उठा गिलाफ़

हिन्दी उर्दू के नाम

हिन्दी हिन्द की आत्मा, उस दिन होगी यार
जिस दिन सब भाषाओं, का होगा साज सिंगार

हिन्दी उर्दू हैं अलग, मैं कैसे लूँ मान
इक भारत की आत्मा, इक है देश की जान

एक अंग दो जान हैं, दोनों की इक जान
दोनों मिलकर चल पड़ें, हर मुश्किल आसान

एक हाथ जब कट गया, हुआ अपंग इन्सान
दाहिन बाँव के जोड़ से, जीवन की पहचान

दोहा एवं ग़ज़ल

दोहा छन्द का ऐ मियाँ, है प्राचीन इतिहास
दो पाती के फूल में, ग़ज़ब की है बूबास

दोहे का जो रूप है, वही ग़ज़ल का शे'र
रंग ढंग से इक तरह, सुबह को कहो सवेर

दोहे ने जो कह दिया, दो पंक्ति में बात
वही शे'र ने रच दिया, पीड़ा भरी हयात

दो मिसरो में रूप जो, देती ग़ज़ल सँवार
दोहे की दो पंक्ति, में वही रंग साकार

तेरह ग्यारह में मढ़ी, दोहे की तस्वीर
ग़ज़ल मगर इक बह्र की, होती नहीं असीर

दोहे के रस हैं बहुत, करुण, भक्ति, सिंगार
शे'र की तख़ईल में, लहजे रचे हज़ार

गौरी, सोवै सेज पर मुख पर डारे केस
चल 'खुसरो' घर आपने रैन भई चहुं-देस
"तूती-ए-हिन्द अमीर खुसरो"

(अब कुछ दोहे इस दोहे की छाँव में)

गोरी का मुख धूप है; केस घनेरी छाँव
चाँद सुरज चाकर दोऊ, बइठ दबावैं पाँव

गोरी का मुख देखकर, हुई सजीली भोर
बिखरे केस के छाँह में, नाचै मन का मोर

गोरी गोरे रंग पर, काहे को मग़रूर
उजले दिन के बाद ही, काली रात ज़रूर

गोरी पहले नेह की, धूप पिया से माँग
फिर चुनरी सन्देस की, अलगनिया पर टाँग

गोरी पनघट से चली, भरे गगरिया नीर
ग़ज़ल भजन सब त्याग दें, 'ग़ालिब' और 'कबीर'

गोरी थिरकै लॉन में, दुखे न कोई घास
पँखुड़ियों पर सो गए, 'कीट्स' और 'कालीदास'

गोरी चढ़ी मचान पर, देखे ईद का चाँद
सौचे पिउ परदेस हैं, पड़ गया सब कुछ माँद

नथिया चूमे गाल को, चूमै होंठ बुलाक
मधुशाला में खो गए, 'बच्चन' और फ़िराक

गोरी के नयना फिरे, फिर गया सकल जहान
रात हठीली हो गई, बैरी हुआ विहान

साजन करै विदेस में, सौतिन संग कुलेल
सूने घर के साथ मैं, सोचूँ बैठ अकेल

साजन रोज़ी के लिए, गए समुन्दर पार
दरपन मुझ से पूछता, कहाँ है साज सिंगार

साजन तेरे द्वार पर, बुझे जगत की प्यास
मुझ को भी कर दे अता, तलछट भरा गिलास

साँई अपने आप को, मन दरपन में देख
हाड़-माँस और चाम सब, हैं माटी का लेख

मैं तो एक पत्थर सही, तोड़ गई उद्योग
तेरे पाँव से आ लगा, पूजन लागे लोग

तुझ को देखन मैं चली, जल गया दिल का तूर
अंग अंग सुरमा हुआ, चमकन लागि सिन्दूर

झूठ कहो तो सच लगै, सच बोलो तो झूठ
नवयुग में हर साँस पर, रिश्ते जाते टूट

साजन तेरे गाँव तक, किस रस्ते से आऊँ
पग पग पर ठगहार हैं, डर है लुट ना जाऊँ

सूरज तेरे रूप को, देखे तो शरमाय
बुरी नज़र जो देख ले, वह अन्धा होय जाय

तिरे माथ की ओज पर, नयना बलि बलि जाँए
जुगनू तारा चाँद तक, लहा लोट होय जाँए

मैं तो इक की हो चुकी, दूजा अब ना कोय
साजन के सन्देह पर, गया विधाता रोय

दीपावली, दशहरा

दरपन करवाचौथ का, लाया दीप सिंगार
रितु ने अपनी नीति की, अन्जरी भरे अंगार

दीपावली के भाव में, एलैक्ट्रिक की सेल
स्विच से जलता है दिया, बिन बाती बिन तेल

महल झोंपड़ी रात में, बिन बिजली बेकार
देखो बया के झोंझ में, जुगनू का उपकार

कैसा माटी का दिया, क्या बाती क्या तेल
दीपावली का पर्व भी, है बिजली का खेल

रोज़ी रोटी के लिए, साजन हैं गुजरात
नागिन बन कर डस, रही दीवाली की रात

साँझ अमावस की कहे, अब ना राह निहार
सखी सजन के नाम पर, इक दुइ दीवा बार

दिया जला है रात भर, हो गया ताक़ सियाह
श्वेत श्याम सब एक से, कर ले सखी निबाह

काग़ज़ का रावण जला, गया दशहरा बीत
मन का रावण बच गया, हार हुई ना जीत

मानवता की जब कभी, मर्यादा छिन जाए
रावण की शेखी बुझे, धनलंका जरि जाय

असुरों पर जब जब हुआ, दुर्गा माँ का वार
देवलोक जगमग हुआ, मिट गया अत्याचार

विजया दशमी पर्व पर, उत्सव ख़ूब मनाओ
रावण भ्रष्टाचार है, पहले इसे जलाओ

दग़े पटाखे अनगिनत, गोले दग़े अथाह
काग़ज़ का पुतला जला, हो गया रावन दाह

होली

'बेकल' तूने क्या लिखा, क्या तेरी औक़ात
जा तुझ को अब क्या कहें, है होली की बात

चाची भाभी हो गई, चाचा हो गए भाय
बिना रँगे हर अंग को, होली नहीं सुहाय

अबके रितु ऐसा लगा, कुछ होली का रूप
जस बदरी की छाँह में, थकी खड़ी हो धूप

बूँदा-बूँदी मार गए, सब होली की धूल
बिजुली पानी के बिना, बइठ न पावै चूल

आधी रात में होलिका, पर बदरी फगुनान
बरखा हुई झकोरि के, अगनी लवर बुतान

भोर भई तो राख से, फिर अगिया अंगरान
जैसे निरधन के घरे, बिटिया भई सयान

बर्फ़ का घुँघटा काढ़ के, फगुनहटी झकझोर
मसक मसक के टूट गये, रितु बसंत की डोर

सूजी खोवा एक तन, इक गुझिया का अंग
होली खेलो तो दिखे, रंगों का इक रंग

दिल्ली में होली जली, 'बेकल' रंग निचोड़
बहुमत की मटकी टँगी, नोटन मार के तोड़

दिल्ली में गुझिया बनी, रबड़ी खाय बिहार
किसी के घर में भोज है, किसी के घर उपहार

होली के इतिहास में, सच्चाई प्रहलाद
सच को आग जलाए क्या, ईश का सब अनुवाद

ईद

हर बन्दा हो ईद में, रब का शुक्रगुज़ार
रोजे के अख़्याम में, आक़ा से इक़रार

फ़ज़्लो-करम अल्ल़ाह का, है माहे रमज़ान
चुप दोज़ख़ की आग है, बन्द भी है शैतान

सच भी जैसे पीर है, जिसके सभी मुरीद
मन दरपन में देखिए, सच्चाई है ईद

एक निर्धन की ईद को, क्या समझे धनवान
उस को धन पर नाज़ है, इसका धन ईमान

ईद की खुशियाँ क्या करूँ, ना साजन ना दाम
यों हीं दिन कट जाएंगे, रहे पिया का नाम

तुम बिन चाँद न दिख सका, टूट गई उम्मीद
बिन दरपन सिंगार क्या, बिन साजन क्या ईद

फ़ितरा और ज़कात की, चाहें लोग रसीद
मौला अपनी देन से, कर दे मेरी ईद

उन्निसवीं का चाँद, है बदरी है चँहु ओर
फिर भी कल की ईद का, नगर में काहे शोर

आधे नगर में हो गई, बेसबरों की ईद
बिना चाँद के मन गई, ये ख़बरों की ईद

गया सिपाही लाम पर, करके यह ताकीद
हम शहीद हो जाएँ तो, कर लेना तुम ईद

एक दिन पहले यमन में, दिख गया ईद का चाँद
तयबा से सरकार ने, दिया मुबारकबाद

लेकिन चाँद न दिख सका, तयबा में उस रोज़
रोज़े सब ने रख लिए, 'बेकल' दिलअफ़रोज

हिन्दू-मुस्लिम सिक्ख सब, ईद का जश्न मनाएँ
ऐका के भूगोल में, अपना देश सजाएँ

अनुवाद और प्रभाव

विनती की पहचान में, लेखन हो बेबाक
फ़रियादी के जिस्म पर, काग़ज़ की पोशाक

कोमल-कोमल होंठ पर, फैली सुर्ख़ लकीर
बिखरे हुए गुलाब में, उलझ गए हैं 'मीर'

दूजा होता ही नहीं, जब तुम होते पास
रुतबा हिज्र को दे गया, 'मोमिन' का एहसास

तेरा जो कर्तव्य है, वह है सियासी काम
घूम जहाँ तक हो सके, प्यार मेरा पैग़ाम

दो मिसरे में देखिए, आज के सब हालात
दिन में सब कुछ कीजिए, कौन अगौरे रात

अपने भाव सुभाव में, आँखें बड़ी ज़हीन
इनसे बातें कीजिए, मिल जाएँ 'रसलीन'

आह न इतनी कीजिए, जल जाए सब देह
आँसू इतना रोकिए, बरसन लागे मेह

भक्ती नयनों से रही भगत नयन से दूर
अपनेपन से गुम हुए शाह ज़फ़र और 'सूर'

हम्द

तूने उठते बैठते, लिया उसी का नाम
लेकिन उसके हुक्म पर, किया न कोई काम

यह दुनिया अल्लाह की, तू इसका मेहमान
मेज़बान को भूल कर, जी न सका नादान

रब ही पालनहार है, रब ही है रहमान
उसी से रहमत माँग ले, बने बड़ा इंसान

झुक उस के दरबार में, छोड़ के सभी गुनाह
उसकी मर्ज़ी के बिना, हर एक चीज़ तबाह

चल उसके अहकाम पर, धुल जायें सब पाप
ज्ञान ध्यान उससे लगा, अपना क़द मत नाप

शुक्र अदा कर यार वह, मालिके-योमिद्दीन
उसी का नीला आसमां, उसी की देन ज़मीन

महशर के दिन वह करे, मख़लूक़ात की न्याय
गिरते पड़ते हर क़दम, लेता वही बचाय

नआत

सदक़ा मेरे रसूल का, बँटता है चहुँ ओर
गदा शाह सब एक हैं, कोई तोर न मोर

नौबत बजे रसूल की, हर जन्नत के द्वार
बेड़ा उसी के नाम से, दोनों जग का पार

ज़ुल्फ़ों से ख़ुशबू बँटे, चेहरे से अनवार
उनके पाँव की धूल से, अर्श-फ़र्श उजियार

लहजा शहद की रूह है, लफ़्ज लफ़्ज अनमोल
अबदुल्लह के लाल के, मीठे-मीठे बोल

उनके दर की ख़ाक भी, रहमत की सौग़ात
जो उनके दर पर मरा, उस को मिली हयात

मेरा नबी करीम है, जिस का करम अथाह
उस के करम की छाँव में, ज़र्रे मेहरो-माह

वह रब का महबूब है, सब उसकी इमलाक
हम सब उसके दास हैं, हमको क्या इंदराक

दरपन अहमद अहद का, 'बेकल' इतना जान
जिस ने देखा है उन्हें, उसे साहबी मान

नबी की हर इक बात की, जिसने की तसदीक़
वही अज़ीम इंसान है, अबूबक्र सिद्दीक़

अरब के काफ़िर सूरमा, हो गये सब मदकूक़
जब से नबी के हो गये, दास उमर फ़ारूक़

मलते रह गए हाथ सब, बड़े-बड़े धनवान
नबी पे सब कुछ वार के, ग़नी हुए उस्मान

बिस्तर पर सरकार के, अली सो गए यार
हिजरत की शब रह गए, दुश्मन हाथ पसार

इल्म के शहर रसूल हैं, अली है उसके द्वार
निसबत खुली किताब है, पढ़ ले जग संसार

धोखा जुल्म यज़ीद है, कहीं न पूछा जाय
परचम मेरे हुसैन का, जग भर में फहराय

जगत मुर्हरम बन गया, लुट गया सुख और चैन
आदर होत यज़ीद का, मारे जात हुसैन

जिसके रंग और रूप का, सद्क़ा हुस्नो-जमाल
दीवाना सरकार का, रब का हसीं बिलाल

फ़र्श के मीठे बोल पर, अर्श भी करता नाज़
आक़ा तिरे बिलाल की, ऐसी है आवाज़

सारे सहाबी प्यार से, करते हैं सम्मान
महफ़िल में सरकार की, बैठे हैं सलमान

नीचे बैठ के मुस्तफ़ा, सुनते अपनी नात
मिम्बर पर हस्सान हैं, यह क़िस्मत की बात

लहके बाग़ खजूर के, महक रहे रेहान
तयबा के माहौल पर, हर मौसम क़ुरबान

पहले अपनी आन की, हर तदबीर दबोच
मालिक से तक़दीर के, फिर मिलने की सोच

पैग़म्बर का क़ौल है, जगत है एक परिवार
मिलजुल कर सब से रहो, सुखी रहे संसार

जीत न पाईं मन कभी, बरछी और कटार
सब का शीश झुकाये हैं, अख़लाक़ो-किरदार

क़ाबू यदि खुद पर रखो, पूजनीय हो जाओ
इज़्ज़त सब की कीजियो, इज़्ज़त सबसे पाओ

सदा रहा कमज़ोर ही, जज़्बाती इंसान
धीरज धैर्य से जो रहा, वही रहा बलवान

गौतम का संदेश है, खुद से करियो जंग
सुलह से चैन समाज का, जोखिम तोप तुफ़ंग

नानक कहें ग़रीब को, झुक कर करो सलाम
ज़ोर जुलम का ख़ातमा, कुदरत का है काम

सब नदियाँ गंगा चलीं, गंगा सागर जाय
एक नन्ही-सी बूँद को, नदिया दिया बनाय

लहके दिल्ली-आगरा, महके जमुना-तीर
झलके हिन्दुस्तान की, यों तर्ज़ -तामीर

ताजमहल की देखिए, जाली और मेहराब
महलों की दीवार पर, उगने लगे गुलाब

अपने बारे में

मैं बंदा अल्लाह का, जीवन मेरा रसूल
मेरा पीर अज़ीज़ हैं, वारिस मिरा असूल

मेरा ग़ौस यक़ीन है, अहमद रज़ा है नाज़
अमजदियत का रंग है, अबुल फ़ैज़ अंदाज़

जलवे तयबा के दिखें, तुझको साँझ सवेर
ख़्वाज़ा जी के द्वार पर, चल 'बेकल' अजमेर

बख़्तियार काकी गगन, चाँद फ़रीद निज़ाम
मैं खुसरों के द्वार का, अदना एक गुलाम

क़ादरियत मसलक मिरा, ग़ौसुल आज़म पीर
अहमद र्ज़ा के फ़ैज़ से, निर्धन हुआ अमीर

अशरफ़िया मोहफ़िल मिरी, जिस का दीप हफ़ीज़
जैसे इश्क़ किताब में, इल्म की है तक़रीज़

दुनिया मेरी किताब है, आँखें मेरी दीन
इश्क़ ही मेरा ज़्हन है, निसबत मेरी ज़हीन

मातृभूमि भारत मेरी, मैं इसकी सन्तान
वस्त्र तिरंगा है मिरा, जिस्म है हिन्दुस्तान

धरती अपनी मातु है, सभी है इसका लेख
इसकी गोद में एक हैं, क्या बामन क्या शेख

दर से वारिस पाक का, मिला है 'बेकल' नाम
उत्साही उपनाम है, नेहरू का इनआम

में खुसरो का दास हूँ, हूँ अवधी का संत
हिन्दी मेरी बहार है, उर्दू मेरी वसन्त

'रहिमन' मेरा गर्व है, 'कबीरा है अभिमान'
गुरू है मेरा 'जायसी', अवधी मेरी जुबान

मैं भारत की धूल हूँ, सोंधी मिरी सुगंध
मन में मुझे बसाइए, गंध पे क्या प्रतिबन्ध

मुझ से युद्ध न कीजिये, क़लम मेरी तलवार
समय पड़े तो फूल भी, बन जाता अंगार

फूल हूँ मैं अंगार भी, गंध मेरी शमशीर
तुम छूकर जल जाओगे, अंग मेरा कश्मीर

गीता मेरा फूल है, खूशबू है कुरआन
लहकूँ महकूँ हर जगह, उपवन सकल जहान

राधा मेरा ज्ञान है, कृष्ण मेरा विश्वास
सोच मिरी रसखान है, मीरा है एहसास

मै हूँ सुदामा प्यार का, प्यार द्वारिकानाथ
प्यासे दोनों नयन हैं, भूखे दोनों हाथ

मन तुलसी का दास हो, अवधपुरी हो धाम
सांस उसके सीता बसे, रोम-रोम में राम

शिवनगरी में जब गया, श्रीराम का दास
काशी में गुम हो गई, अवधपुरी बूबास

पुरखों का आदर करूँ, यही मेरा दस्तूर
हुआ जहाँ गुस्ताख़ मैं, खा गया अंग ग़रूर

अल्ला और रसूल पर, है मेरा ईमान
अपने मन की मैं करूँ, मैं कैसा मैं इन्सान

जो भूला 'बेकल' कभी, नबी करीम की राह
मंज़िल ग़ारत हो गयी, रस्ते हुए तबाह

धर्म मेरा इस्लाम है, भारत जन्मस्थान
वज़ू करूँ अजमेर, में काशी में स्नान

भाव सुभाव के पाठ में, मैं अक्षर अनमोल
नबी मेरा इतिहास है, कृष्ण मेरा भूगोल

मुसलमान हूँ जाति का, हूँ भारत की धूल
आँखें मेरी राम हैं, हृदय मेरा रसूल

शर्म न हम को आ सकी, देख अपने आमाल
कभी तो इतना सोचता, काहे हुआ ज़वाल

वह कौशल्या-पुत्र है, या दशरथ का नाज़
हमको उसकी खोज है, जो अब तक है राज़

जलवों की बरसात में, आक़ा का दरबार
इक इक किरन की ज्योति से, चमक रहा संसार

होली डूबे रंग में, ईद हुई पोशाक
मानवता विजयी हुई, नफ़रत हो गई ख़ाक

'बेकल' के दोहे सभी, अच्छे लगे हुज़ूर
यों समझो एक घूँट से, बढ़ने लगा सुरुर

यमुना

सरयू तन सियराम है, गंगा मन शिवधाम
यमुना तेरे माथ पर, लिखा है राधे श्याम

राधा के पग चूमकर, शूल हो गए फूल
सब को देती ज्ञान धन, तेरे तट की धूल

'ताजमहल' बिन्दिया तिरी, मथुरा तिरा सुहाग
यमुना तेरी चूनरी, 'मीरा' का अनुराग

यमुना तेरे रूप का, क्या-क्या करूँ बखान
गोकुल कुंज में बैठकर, छन्द लिखे रसखान

तेरे दरसन के बिना, पड़े न एक पल चैन
तेरा रूप निहारते, 'सूरदास' बिन नैन

यमुना! तेरी बाँह में, पले है तख्तासीन
दावा करैं खुदाय का, फिर भी तिरे अधीन

किस-किस को समझाऊँ मैं, वृन्दावन की बात
राधा जैसे दिन लगे, कान्हा जैसी रात

गोकुल में जगरूप है, बरसाने में रंग
यौवन वृन्दावन सजे, निखरे सौ-सौ ढंग

लाल बहादुर शास्त्री

छोटा-मोटा आदमी, ऊँचे बड़े विचार
मामूली घर से उठा, हो गया इक संसार

सीमा का रक्षक जवाँ, खेत का मस्त किसान
इन दोनों की चाह से, स्वर्णिम हिन्दुस्तान

दुख के तपते दौर में, शीतल सुखद बयार
लाल बहादुर देश, की एकता का मीनार

इटावा हिन्दी सेवा निधि 2004

जन्मे जिस की कोख से, बड़े बड़े विद्वान
उसे इटावा सब कहें, जनपद का अभिमान

जब शंकर से प्रेम की, लगी लगन हो गुप्त
तब समझो भाषाओं का, हर झगड़ा है लुप्त

सम्मानित है जो यहाँ, वह मोती और सीप
'बेकल' की अरदास है हे भैया प्रदीप

नारायन श्री कृष्ण हैं, साथ 'सुदर्शन भाल'
भाषा देश का शत्रु भी, भूल जाय हर चाल

इक दिल ऐसे गाँव पर, सौ सौ दिल कुरबान
'नीरज' की हर सोच है, इस मिट्टी का ज्ञान

दूरदर्शन में साहित्य के, यही बड़ी पहचान
अस्सी वर्ष की उम्र में, कविता हुई जवान

कहती है दुनिया जिसे गीत ग़ज़ल की जान
उस 'नीरज' के नाम पर, जनवानी सम्मान

'उत्साही' 'नीरज' दोऊ, दुई क़ालिब इक जान
दोनों की आवाज़ से, महके हिन्दुस्तान

मिरी बधाई लीजिए, हे कमलेश्वर नाथ
मैं कंकड़ का दास हूँ, सिर पर रख दो हाथ

कर कमलों से आयु की, आय बधाई लेव
गायक हूँ 'गोविन्द' का, कुछ तो राजिव देव

तुम्हें मुबारकबाद है, भय्या विजय कुमार
सेतु बनाओ प्यार का, जग हो जाए पार

'राजलक्ष्मी' कर रहीं, वर्मा जी से प्यार
संस्कृत का कुछ दीजिए, हिन्दी को उपहार

जब होटों पर आ गया, 'वासदेव' का नाम
'गंग' 'देव' के नाम को ऊँचा मिला मुकाम

सुर संगीत की साधिका, माल्ती को परनाम
जिस के स्वर से रच गया, उल्फ़त भरा कलाम

'लाल बहादुर' सिंह को, कहते सब चौहान
रोगी सब चंगे हुए, रोग हुआ हलकान

मस्ती 'ठूठ' की देखकर, हरे हो गए झाड़
राधेश्याम के नाम पर, छोटे लगे पहाड़

इश्क़ सनातक हो गया, 'वीरेन्दर' के साथ
सनद उसी को मिल गई, जिस पर रख दिया हाथ

•

अलबेले हर अंग से, 'शकुन्तला' के गीत
मनभावन सब के लिए, शब्द छन्द की रीत

कितने बाँके लग रहे, गीतकार 'बलराम'
नए निराले ढंग से, देते हैं पैगाम

लिए शराफ़त शे'र में, उड़ते फिरें 'शमीम'
ख़ुदा करे एक रोज़ यह, शायर बने अज़ीम

कुण्डलिकाएँ

दरपन में सम्मान के, दुनिया लगी अजीब
झूठ विराजे तख़्त पर, सच को मिले सलीब
सच को मिले सलीब, ईश बेचैना होईगा
लूट को मिल गई छूट समय बिन नयना होईगा

शर्मीले जो लोग थे, हो गये सब बेबाक
बगिया झुलसी नेह की, लहक रहे हैं पार्क
लहक रहे हैं पार्क, फूल बारूद भरे हैं
बैन्चों पर इंसान की सूरत बम धरे हैं

क्या-क्या दिन दिखलाय है, आज का नवविज्ञान
फ़ोन किया इंग्लैंड को, मिल गया पाकिस्तान
मिल गया पाकिस्तान, बात फ़रमाईश निकली
जिसको समझे प्यार, यार की साज़िश निकली

टी.वी. ने दी यह ख़बर, खिसक रहा है चाँद
मानव को क्या फ़िक्र है, गया गगन को फाँद
गया गगन को फाँद, धरम भौंच्चका हारा
नक्षत क्रिकेट बाल, क्षितिज में छक्का मारा

वैज्ञानिक की सोच में, क्या शीरी-फ़रहाद
मानवता की खोज में, बंदर की औलाद
बंदर की औलाद बस्तियाँ जंगल कर गये
हुस्न-व-इश्क़ की लोग बाजियाँ दंगल कर गये

मुझ शीशे को तोड़कर, हो गए लोग निहाल
किरचें पूछैं दर्द से, पत्थर जी का हाल
पत्थर जी का हाल, तलब मुस्तक़बिल निकला
राजनीति में धरम का मुंसिफ़ क़ातिल निकला

गुलदस्ते में फूल हैं, बारूदी हर फूल
हर टहनी शमशीर है, हर पत्ती तिरशूल
हर पत्ती तिरशूल पवन का क़त्ल हो गया
इक कोंपल का क़त्ल चमन का क़त्ल हो गया

दयाधर्म की नीति में, निर्बल का कल्यान
दूध पियैं सब साँपजन, चिंयुटी खाय पिसान
चिंयुटी खाय पिसान, विलय्या रोटी लै गए
मनई पूजैं देव, पिलौवा बोटी लै गए

मेरे दोनों पुत्र हैं, गोबर और गणेश
दोनों के मतभेद से, धधक रहा है देश
धधक रहा है देश विरोधी खीस निपोरैं
अपने चामै हाड़, पड़ोसी माँस बटोरैं

अग्नि-कुंड हर सुबह है, ख़ूनी है हर शाम
मानव जब दानव बना, दुखी हो गये राम
दुखी हो गये राम, पवनसुत साधू हो गए
सरयू हो गई लाल, अवध सब लोहू हो गए

काव्य-मंच पर इन दिनों, अनुशासन नापैद
जासूसी की, गीत ने दोहे हो गए क़ैद
दोहे हो गए क़ैद छुड़ाने चली रुबाई
बरी हो गए छन्द असीरी ग़ज़ल ने पाई

रथ पर बादल बैठकर, करे कमल की बात
जल के बदले गाँव में, है ख़ूनी बरसात
है ख़ूनी बरसात कि लहकैं धरम समीरा
घर को फूँक के चौराहे पर हँसै कबीरा

है दंगे में शहर के, जाने किस का हाथ
महल सुरक्षित हो गए, उजड़ गए फुटपाथ
उजड़ गए फुटपाथ सड़क की शाम हो गई
दीवारों के क़त्ल में छत बदनाम हो गई

हाकिम समय का हुक्म दे, ये करफ़्यू के बाद
जिसको चाहो मार दो, रोको जल्द फ़साद
रोको जल्द फ़साद कोई ना मरने पाए
नगर रहे सुनसान आह ना करने पाए

'बेकल' जी ने कर दिया, नगर बीच ऐलान
बन्द करो हर मोड़ पर, वाहन और दुकान
वाहन और दुकान करै नुक़सान हमारा
बड़े मुनाफ़े में है हिन्दुस्तान हमारा

फ़सलें चुप हैं खेत में, मिल में ठप्प मशीन
मेहनत के हर अंग पर, चादर पड़ी महीन
चादर पड़ी महीन ज़माना झाँक रहा है
भूखा हिन्दुस्तान ट्रैक्टर हाँक रहा है?

माँ ने ममता त्यागकर, भेज दिया स्कूल
मैं था काँटा गाँव का, हो गया शहर का फूल
हो गया शहर का फूल सुगंध सभी को बाँटी
माँ ने सारी उमर मिरी चिन्ता में काटी

जाकर मैं स्कूल में, दिन भर खेला खेल
इम्तिहान में नक़ल की, फिर भी हो गया फेल
फिर भी हो गया फेल, गाँव घर ताना मारैं
जो थे मेरे दास वही अब घास न डारैं

दिल्ली पढ़ने आ गया, छोड़ के अपना गाँव
भूल गया इक साल में, मात-पिता की छाँव
मात-पिता की छाँव बदन में आग लगाए
फूँक लिया जब खुद को कोई काम न आए

माँ है सागर प्यार का, ममता अपरम्पार
धरती उसकी कोख है, बाँहें जग-संसार
बाँहें जग संसार गगन की छाँह दुआएँ
चाँद चरन की धूल है अँचरा स्वर्ग हवाएँ

जिस भाई की पीठ पर, हो बहना का हाथ
उसके हर इक अंग के, साहस बल है साथ
साहस बल है साथ विजय रन में पाएगा
बहन भी होती शक्ति जहाँ को समझाएगा

धरम की चर्चा कीजिए, नगर-नगर निर्भीक
राजनीति को मत करें, इस के साथ शरीक
इसके साथ शरीक बिकाऊ बड़े बड़े हैं
मानवता से दूर कमाऊ अलग खड़े हैं

सिर पर पट्टी लाल है, हाथ में है तिरशूल
सब अगिया बैताल है मिरे चमन के फूल
मिरे चमन के फूल लगे हैं ख़ून बहाने
सीता जी को तज के राम को चले रिझाने

मन में नाथूराम है, मुख पर जय श्री राम
गुल को गोली मारकर गोल हुआ गुलफाम
गोल हुआ गुलफाम धरम चौकोर हो गया
पाप को चाहे लोग विधाता चोर हो गया

सोमनाथ से चल पड़े, अवधपुरी की ओर
वैशाली की राह में, कटी पतंग की डोर
कटी पतंग की डोर लोग गुबन्द पर चढ़ गए
नहीं धरा पर उतरे वहीं से आगे बढ़ गए

मण्डल के विस्फोट में, मन्दिर का निरमान
इक कुर्सी के मोह में, बाँधा जन्मस्थान
बाँधा जन्म-स्थान कि दंगे लें अँगड़ाई
रोटी गई आकाश मज़े में है महँगाई

इक मंडल की ढोल है, इक मन्दिर का खोल
मिली भगत के बोल में, है कुर्सी अनमोल
है कुर्सी अनमोल देश को बाँट रही है
जिस टहनी पर बैठी उसको काट रही है

बोफ़र्स का हल्ला हुआ, लोफ़र्स हुए अधीन
गद्दी पर औंधे गिरे, सब कोड़ी के तीन
सब कौड़ी के तीन पहाड़ से चूहा निकला
सच का स्वाँग रचाकर कितना झूठा निकला

खेत उपासे तक रहे, रितु को साँझ सकार
धरती प्यासी हो रही, भूखा सब परिवार
भूखा सब परिवार गाँव सन्नाटा खाए
देवकी माटी खाय बन्दरिया माटा खाए

नई खाद के जोर पर, लहक न पाई रेत
अधिक अन्न की चाह में, ऊसर हो गए खेत
ऊसर हो गए खेत यूरिया ताल में डारै
बलथक हुए किसान मछरिया गाँव सँभारै

ज़हीरीले छिड़काव से, हरा हुआ नहिं बाग़
गन्दे जल से धोइए, छुटे न कोई दाग़
छुटे न कोई दाग़ चुनरिया मैली रह गई
जनम मरन के बीच हथेली फैली रह गई

मच्छर देते हैं दुआ, अमर हो शक्कर मील
अपने डंक हैं गाड़ते, ज्यों दीवार में कील
ज्यों दीवार में कील पालिका ढील हो गई
नाली भज-भज ताल सड़किया झील हो गई

पैसा हो तो जाइयो, पढ़ने देहरादून
बड़े बड़े पद पाइयो, बिन कत्था बिन चून
बिन कत्था बिन चून यार मद्यपान करोगे
बिना नाम के ऊँचा हिन्दुस्तान करोगे

'इन्दू' के हर काम में, नेकी की बूबास
ऐरा ग़ैरा हर कोई, बैठा रहता पास
बैठा रहता पास रंग मेंहदी ना छोड़े
मियाँ करें विश्वास हर एक से नाता जोड़े

'सुग्गा' बड़ी ज़हीन है, आम को करे बबूल
औरों के सुधि सोच में, चाबी जाती भूल
चाबी जाती भूल धरोहर कहाँ धरे हैं
पूछूँ हूँ तो मुझे लिपट कर प्यार करे हैं

बेगम की हर मोड़ पर, बहनें लातादाद
गाँव से लेकर शहर तक, ख़ालाएँ आबाद
ख़ालाएँ आबाद मिरी सब सास और साली
'बेकल' जी को चैन है लेकिन जेब है ख़ाली

राजा एक ऐसा हुआ, मिला न जिसका भेद
जिस की थाली में चुगा, उसी में करता छेद
उसी में करता छेद पीठ पर छुरा चलाया
बेच के अपना राज्य राग सामन्ती गाया

उस राजा के राज में, हुआ बड़ा कल्यान
आरक्षण के थान पर, युवा हुए बलिदान
युवा हुए बलिदान उसे कुर्सी जकड़े थी
खुदग़र्ज़ी की बीमारी उस को पकड़े थी

सेकुलर है किस ओर से, धर्माता के साथ
छाँव में बैठा पेड़ के, लिए कुल्हाड़ी हाथ
लिए कुल्हाड़ी हाथ जड़ों को काट रहा है
डाली-डाली ख़ूब बसन्ती बाँट रहा है

काश्मीर से चल पड़े, सभी ब्राह्मण लोग
मुसलमान तन्हा रहे, ये भी एक संयोग
ये भी एक संयोग बिछुड़ कर क्यों पछताए
ख़ून ख़राबा देख भवन से साजन धाए

दोहिकू

गोरी तेरे गाँव में
पीपल बरगद टहल रहे हैं
मौसम बाँधे पाँव में

गंगा के वरदान को
जलते तन और शीतल मन से
गोरी चली नहान को

अनजाने सपने सजे
गोरी गगरी छलक न जाए
पनघट पर कँगना बजे

पंछी जंगल को चले
सन्नाटा बस्ती में चहके
जुगनू के दीपक जले

गोरी चढ़ी मचान पर
गोफन लेकर घात लगाए
इक नन्हीं सी जान पर

छत पर बैठी देर से
गोरी चोटी गूँथ रही है
गैंदे और कनेर से

जीवन धूप और छाँव
सैलाबी नदिया के तट पर
मेरे पिया का गाँव

छत पर बैठी रह गई
धूप सवेर से साँझ तक
सब के ताने सह गई

पंछी बैठा डाल पर
गीत मिलन के गाकर गोरी
गुदना गोदे गाल पर

बन्जर सागर पी गया
प्रेम डगर में मौत खड़ी है
उमर का प्यासा जी गया

सूना सूना हो गया
घर आँगन का कोना-कोना
तुम बिन भूखा सो गया

सपनों की ताबीर को
किसने समझा किस ने जाना
लिखी हुई तक़दीर को

क्या-क्या है संसार में
घर से बाहर निकल के देखो
सौदे सब बाज़ार में

सेकुलर गुन के राग पर
संसद भीतर बहस छिड़ी है
साबरमती की आग पर

दिन बोला ये रात से
तुझ से बदतर हाल है मेरा
पूछ ले यह गुजरात से

लाशों की दुर्गन्ध है
जलती बिल्डिंग चीख़ रही है
पुलिस का यह प्रबन्ध है

ज़िद नफ़रत के हाथ से
मानवता का लहू है जारी
अवधपुरी के माथ से

'बेकल' खड़ा दुआर पर
फूँक के अपने घर को खुद ही
जुर्म धरे संसार पर

दुनिया इक पनघट बनी
निस-दिन गगरी फूट रही है
सुविधा त्रियाहट बनी

अब अपने क़ानून में
चोर शाह सब एक हैं जैसे
बिन मतलब मज़मून में

संसद भीतर हंगामा है
बाहर दहशत-गर्द का डर है
कुर्सी भी बयनामा है

तुम ने ऐसा क्यों किया
राजनीति बिन धरती हो गई
बिन पानी लोहू पिया

अड्डे से पीकर चला
भूल गया मैं घर का रस्ता
गन्दी नाली में गिरा

मस्ती में क्या कह गया
मुझ से बड़ा नहीं है कोई
सूखी नदी में बह गया

मैं रोकर हँसने लगा
जग की नादानी पर अकसर
मन चातुर फँसने लगा